Necropolítica y narcogobierno

JOSÉ REVELES

Necropolítica y narcogobierno

Nuevas dinámicas de poder en México

Grijalbo

Necropolítica y narcogobierno
Nuevas dinámicas de poder en México

Primera edición: marzo, 2024

D. R. © 2024, José Reveles

D. R. © 2024, derechos de edición mundiales en lengua castellana:
Penguin Random House Grupo Editorial, S. A. de C. V.
Blvd. Miguel de Cervantes Saavedra núm. 301, 1er piso,
colonia Granada, alcaldía Miguel Hidalgo, C. P. 11520,
Ciudad de México

penguinlibros.com

ISBN: 978-607-383-097-3
Impreso en México – *Printed in Mexico*

Índice

A orillas de la necropolítica

En la historia reciente del país no hay duda de la protección oficial organizada que no solo consintió sino que incluso auspició el avance de la criminalidad. Existen constancias abundantes, que en estas páginas se describirán, de una gran corrupción propiciada por las autoridades como un esquema idealmente diseñado para el funcionamiento de narcogobiernos sexenales. En ese estado anómalo, permitido como algo normal, se dio un salto al vacío desde una cotidianeidad desprovista de contenidos que nutrieran la existencia misma y hoy podemos asomarnos, con estupor, a un México que fue atrapado en una situación aún más desastrosa, si esto fuera posible: la necropolítica, tal y como la concibió y definió el filósofo camerunés Achille Mbembe.

Este experto africano explicó de manera cruda ese fenómeno en una conferencia que impartió en México. Hay contextos políticos, concluía, en los que el estado de excepción "se ha vuelto normal en muchos lugares del mundo". La genealogía de estas emergencias no proviene, como algunos piensan, de los atentados del 9/11 cuando el mundo vio estupefacto, repetido al infinito en las pantallas, el ataque aéreo a las Torres Gemelas, sino que se ha venido gestando de más atrás, desde que se ejerce, por parte de los gobiernos y los sistemas políticos, una instrumentalización generalizada de la existencia humana y, consecuentemente, puede consentirse la destrucción material de los cuerpos y de las poblaciones que ya fueron juzgadas como "desechables y superfluas".

Son contextos en los que los gobiernos deciden apelar de manera continua a la emergencia, a una noción ficcionada o fantasmagórica del enemigo, a la necesidad de "un trabajo de muerte" para conservar el poder. Es así como Achille Mbembe descubre y describe la necropolítica.

En la lógica de la necropolítica es permisible para los gobiernos analizar y decidir quién muere y quién vive. Mbembe ha logrado desarrollar esta herramienta teórico-conceptual que ayuda a reflexionar sobre una realidad que ocurre en cada vez más ambientes de expulsión psicosocial, de exclusión del otro, de crecimiento incesante de la "población desecho", convertida en paria por decreto en contextos de normalización de la guerra, de no-humanidad, donde la vida se cosifica hasta perder su presente y su futuro.

La violencia extrema, propiciada o permitida desde el Estado, genera espacios donde la muerte se diluye en la vida y la vida desaparece ante la imposibilidad de los individuos de ser, de crear, de ejercer la solidaridad, sometidos como están a estados de excepción y a máquinas de guerra. El concepto *necropolítica* quiere decir política con trabajo de muerte, orientación e inmersión de la vida para la producción masiva de la desechabilidad humana mientras se busca la construcción pública del enemigo, esquema que a su vez permite dar muerte a los simples sospechosos de serlo.

Se administra la muerte en nombre de un hipotético supremo bien civilizatorio: "la razón hace morir a muchos en el altar de la civilización, en la defensa de la democracia y del orden establecido". En la necropolítica es posible considerar que la muerte de esos muchos es "condición necesaria" para sostener y nutrir un movimiento constante y progresivo de las sociedades hacia un fin civilizatorio.

La necropolítica ha conseguido transformar a los seres humanos en una mercancía intercambiable o desechable según dicten los mercados. Hay una nueva manera de entender la realidad en la que la vida pierde toda su densidad y se convierte "en una mera moneda de cambio para unos poderes oscuros, difusos y sin escrúpulos".

El análisis de Mbembe es aplicable al conjunto del llamado tercer mundo, pero es extensivo al "cuarto mundo", es decir: a aquella población perteneciente al conocido como primer mundo que, sin embargo, vive en un estado de absoluta precariedad; parias que no han sido expulsados de la sociedad del bienestar sino que ocupan los márgenes de esta; "seres invisibles que habitan *no lugares* (la calle, los aeropuertos, las estaciones de tren, los hospicios, los bajopuentes) y se hallan en manos del *necropoder*".

Inspirada en un principio en la obra de Michel Foucault, la teoría de la necropolítica de Mbembe define la soberanía como "el poder de dar vida o muerte" del que disponen los gobiernos. "Un poder difuso, y no siempre exclusivamente estatal, inserta *la economía de la muerte* en sus relaciones de producción y poder" y la autoridad, *de facto*, se arroga el derecho a decidir sobre la vida de los gobernados. Si durante la época colonial, por ejemplo en África, la violencia era un medio para lograr la rentabilidad, hoy en la necropolítica, la violencia es un fin en sí mismo. Hay cada vez más regímenes políticos actuales que obedecen al esquema de "hacer morir y dejar vivir", en una cosificación del ser humano propia del capitalismo, donde el cuerpo es una mercancía más, susceptible de ser desechada.

De la ciudad del colonizado se pasó a la comunidad del marginado: "es como una ciudad hambrienta de pan, de carne, de zapatos, de carbón, de luz; es una ciudad agachada, una ciudad de rodillas, una ciudad revolcada en el fango". Sobre esas ruinas se instala luego una anómala soberanía que se apropia de la capacidad para decidir quién tiene importancia y quién no la tiene, "quién está desprovisto de valor y puede ser fácilmente sustituible y quién no". Hay un discurso apoyado en la idea de que el Estado tiene un derecho divino sobre la existencia.

Por su parte, desde una visión mexicana, cuando analiza ese mismo tema la maestra Helena Chávez Mac Gregor ubica esta corriente de pensamiento como una categoría fundamental para hacer una crítica de políticas recientes devastadoras que nos obligan como sociedad a colocarnos más allá del miedo, del terror y del estupor que han provocado formas específicas de esta violencia (fosas clandestinas con entierros masivos, cuerpos colgantes, masacres, feminicidios, desaparecidos, violaciones extremas a todos los derechos humanos) que trastocan las significaciones de la vida tal y como la habíamos concebido durante décadas e incluso durante centurias.

En un texto publicado en *Errancia, Litorales*, de la ENEP Iztacala, de la UNAM, la maestra mexicana Chávez Mac Gregor sugiere, a partir de los hallazgos de Achille Mbembe, que las sociedades deben proponerse hacer un trabajo profundo y cotidiano de contención que les permita "fisurar, quebrar y desbordar la lógica de muerte"; idear una forma de convivencia que dé lugar a otras políticas; a cobrar fuerzas y buscar resistencias desde el arte; oponer acciones directas y la toma de los espacios para poder ser otra cosa que "puro desecho, abandono y muerte".

La necropolítica, en su opinión, es una categoría que nos permite problematizar la fundamentación de la política contemporánea desde los modos en que se han entrelazado, por un lado, violencia y derecho y, por el otro, excepción y soberanía. Este debate está presente en toda la filosofía política moderna, pero lo interesante aquí es cómo Mbembe inserta una nueva interpretación, desde la crítica histórica y social, para desnudar un discurso apologético contemporáneo que se dedica a encontrar en la guerra, en el enemigo y en el terror "la justificación de la excepción".

Se impone plantear, más allá del estupor y el efecto que la guerra y el terror generan, una necesaria crítica a la violencia *per se*. Porque ya no solo se quiere imponer una visión neocolonialista del Estado, sino que hay una máquina de guerra que el capitalismo impone y en la que se afianza para poder mantener la explotación de los recursos y el control de las poblaciones, insiste Mbembe.

En el caso de México, en específico, es evidente que las condiciones de violencia se han complejizado en los últimos años de manera vertiginosa, sostiene la profesora Chávez Mac Gregor en su análisis. Ha habido un claro fallo del Estado (corrupción, mala administración, imposibilidad de transición partidaria ordenada, nepotismo, neoliberalismo y monopolios cada vez más feroces), todo ello mezclado con la proliferación de grupos narcotraficantes (desde los años ochenta del siglo pasado existen grupos importantes, pero a la vez el Estado ha ido perdiendo poder sobre ellos y estos se multiplican y se ramifican), los cuales han determinado condiciones muy deplorables, en donde la política en algunas zonas del país se acerca cada vez más a una mera administración de la guerra para un trabajo de muerte.

En este contexto no se puede menospreciar lo que genera ese lugar privilegiado que la política le asigna al narcotráfico y a la delincuencia organizada, aunado a un discurso oficial que durante años se activó sobre el "enemigo" para justificar y legitimar formas de control y represión del Estado en todas las áreas de la vida social.

La máquina de guerra se ha caracterizado por tener una organización difusa y polimorfa: "Sin duda, la guerra y el terror, en medio de los cuales es difícil diferenciar los cuerpos militares y los policiales de los grupos de narcotraficantes, de los paramilitares o hasta de los grupos de autodefensas, son el campo más fructífero para legitimar el estado de excepción, para establecer el derecho de matar y el escenario donde la población más vulnerable es aquella que no posee las armas".

Hay países en donde las poblaciones, en tanto que categoría política, terminan por ser disgregadas entre rebeldes, niños-soldado, víctimas, refugiados, desaparecidos, "civiles convertidos en discapacitados por las mutilaciones sufridas o simplemente masacrados siguiendo el modelo de los sacrificios antiguos, mientras que los 'supervivientes', tras el horror del éxodo (los migrantes y los desplazados), son encerrados en campos y zonas de excepción".

Por su parte, la experta española Clara Valverde, autora del libro *De la necropolítica neoliberal a la empatía radical*, concluye que el concepto de la necropolítica que desarrolló Achille Mbembe "es la política basada en la idea de que, para el poder, unas vidas tienen valor y otras no"; y ya no es tanto matar a los que no sirven al poder, "sino dejarles morir; crear políticas en las que se van muriendo".

Estos seres que no son rentables para el poder ni para implementar sus políticas finalmente son excluidos: son los que no producen ni consumen, los que de alguna manera, sin querer y sin saberlo en la mayoría de los casos sino solo existiendo, "ponen en evidencia la crueldad del neoliberalismo y sus desigualdades".

Todas las vidas son objeto de cálculo para los poderosos en el neoliberalismo. "Los que son rentables y los que consumen, esos tienen derecho a vivir bajo el neoliberalismo si siguen ciertas leyes y tienen ciertas actitudes favorables a los poderosos. O son vistos, por lo menos, como los que no cuestionan al capitalismo neoliberal y a sus políticas mortíferas".

En entrevista con *elDiario.es* de España, Clara Valverde recordó cómo la expresidenta del Fondo Monetario Internacional (FMI), Cristina Lagarde (hoy presidenta del Banco Central Europeo), en una ocasión deploró en voz alta que la gente a lo mejor ahora vive demasiado tiempo y alertó a los gobiernos para tener cuidado con esa amenaza. "Y eso parece que le está creando problemas al FMI. En vez de alegrarse de que la esperanza de vida en algunos países ha aumentado, el FMI no está contento de que vivamos más años".

Indisolublemente ligado a la necropolítica, hay otro fenómeno al que Mbembe denomina gobierno privado indirecto y que se ha convertido en un movimiento histórico de las élites que pretende, en última instancia, abolir lo político; "destruir todo espacio y todo recurso simbólico y material donde sea posible pensar e imaginar qué hacer con el vínculo que nos une a los otros y a las generaciones que vienen después". Es decir, en la práctica quedan abolidos la solidaridad, el gobierno para todos, la atención a los marginados, las oportunidades para los niños y jóvenes.

Para este propósito se impulsan lógicas de aislamiento, separación entre los países, las clases y los individuos entre sí. Al mismo tiempo se desarrollan concentraciones absurdas de capital hacia zonas que escapen a todo control democrático, a la expatriación de riquezas y capitales a paraísos fiscales desregulados (caso de los capitales mexicanos en Banca Andorra, en los Panama Papers, como ejemplos fehacientes). Si se puede sumar, además, el poder militar para asegurar el éxito de estas políticas depredadoras, tanto mejor, pues la protección de la propiedad privada y la militarización se vuelven correlativas y al final vienen a ser dos caras del mismo fenómeno depredador.

Por lo menos desde 1970 el capitalismo ha sufrido una transformación que propicia cada vez más la presencia de un Estado privado en sustitución o como superestructura de los gobiernos, en donde el poder público (en el sentido clásico de que no pertenece a nadie porque es de todos) ha sido progresivamente secuestrado para el beneficio de poderes privados, sostiene Achille Mbembe.

"Hoy resulta posible comprar un Estado sin que haya gran escándalo". Estados Unidos es un buen ejemplo: las leyes se compran inyectando capitales en el mecanismo legislativo, los puestos en el Congreso se venden. Esa legitimación de la corrupción al interior de los Estados occidentales vacía de sentido al Estado de derecho y legitima el crimen al interior mismo de las instituciones. Ya no hablamos de corrupción como una enfermedad del Estado: "La corrupción es el Estado mismo y, en ese sentido, ya no hay un afuera de la ley".

En conclusión, dentro del *necropoder* "el deterioro del Estado de derecho es tal que produce, en definitiva, políticas exclusivamente depredadoras que invalidan toda distinción entre el crimen y las instituciones".

Calderón sabía

Por lo que respecta a México, más de dos años antes de llegar a la Presidencia de la República, cuando era líder del Partido Acción Nacional (PAN), Felipe Calderón Hinojosa presenció en Tamaulipas una "nueva y terrible realidad" que representaban Los Zetas, esos militares de élite que habían desertado del Ejército y se habían puesto al servicio de los traficantes del cártel del Golfo. En su libro de memorias *Decisiones difíciles*, publicado en mayo de 2020, el propio Calderón alude a aquello que los especialistas nombran la "captura del Estado" por parte de grupos delincuenciales.

Lo constató en algo tan cotidiano como la dificultad que había en esos días para que los panistas locales pudieran organizar un mitin político en el municipio de Miguel Alemán, Tamaulipas, en un ambiente que sorprendía por el nivel de temor y desolación en que transcurría la vida de sus habitantes.

"En desesperados comentarios que me hicieron los panistas del Estado antes de empezar el mitin, me narraron las indignantes historias de terror que ocurrían en la zona", rememora.

Los Zetas se habían apoderado del municipio. Ellos —escribió el expresidente— autorizaban quién podía ser candidato y quién no, extorsionaban a la población y controlaban sus movimientos. Los panistas estaban preocupados porque habían recibido amenazas por el mero anuncio de la celebración del mitin.

Cuando Calderón observó y les hizo notar a sus compañeros de partido que allí estaban los policías y opinó que ellos podrían ser garantes de la seguridad para los convocados, alguien le respondió: "Felipe, ellos son Los Zetas". Era tan evidente la amenaza de los criminales, que el dirigente municipal de Acción Nacional, cuyo nombre no reveló, tuvo que huir pronto del lugar, dejándolo todo.

Siendo ya primer mandatario, Felipe Calderón afirma que intentó limpiar de elementos corrompidos a las fuerzas de seguridad del país, pero descubrió que cada vez más agentes de la ley "eran sobornados por la delincuencia e inclusive estaban en las llamadas narconóminas".

"Había listas de comandantes y agentes pagados, semana a semana, por los delincuentes. Los ejemplos son incontables. Baste uno por ahora: en una ocasión el Ejército detuvo a una célula de Los Zetas en Coahuila. Ellos manifestaron que el grupo sobornaba al fiscal del Estado". Había, pues, un sometimiento de las instituciones de seguridad y justicia pagadas por el crimen organizado.

La situación tendría que ser cambiada radicalmente, concluyó Calderón. Su problema fue que, ya en el poder, puso al frente de la principal Policía del país a su leal amigo

Genaro García Luna (GGL), quien años después fue capturado, preso y procesado en los Estados Unidos por haber estado, desde 2001, ni más ni menos que al servicio del grupo criminal más poderoso del país, el cártel de Sinaloa.

García Luna fue declarado en una Corte de Nueva York, al inicio de 2023, culpable de cuatro imputaciones graves de tráfico internacional de cocaína y además de haber mentido al Gobierno cuando solicitó su nacionalidad estadounidense. Era muy posible que, meses después, una Corte lo condenara a la pena carcelaria de por vida, si es que antes no se declaraba culpable y aceptaba, en consecuencia, convertirse en un testigo colaborador, cambiando junto con su familia de identidad, además de entregar millones de dólares, obtenidos de manera ilícita, a las autoridades del país vecino.

Como uno de los momentos más dramáticos de su sexenio, Calderón recordó la masacre de 72 migrantes centro y sudamericanos en San Fernando, Tamaulipas (14 mujeres entre ellos), porque se negaron a pagar rescate para ser liberados y tampoco se quisieron incorporar a Los Zetas. Lo peor es que los migrantes fueron entregados a los delincuentes por los mismísimos policías municipales, reconoció el exmandatario, quien comenzó a llamarlos abiertamente "polizetas".

Un año después aparecerían 200 cuerpos de migrantes, esta vez mexicanos, en fosas clandestinas también en San Fernando. La conclusión es lógica, tal como escribió Calderón en sus memorias: "si se permite avanzar al crimen organizado, va pasando de una etapa a la otra, hasta terminar con la captura del Estado".

Sin proponérselo tal vez, el futuro presidente describía justamente lo que estaba por ocurrir durante su sexenio, cuando las estadísticas de muertes violentas y desapariciones se dispararían a niveles insoportables. Eso ocurrió, sin que su malhadada y costosa guerra contra el narcotráfico y la delincuencia organizada hubiese podido impedirlo. Por el contrario, los desastrosos resultados aparecieron estrechamente ligados a una estrategia guerrera fallida o fingida.

Calderón vislumbró que la operación de un narcogobierno era el sustento real para consolidar la necropolítica. Pero en vez de combatir o desechar semejantes esquemas indeseables, se afilió con fervor a ambos y así logró aprovechar todos los beneficios que acarreaba un poder así.

Su amigo, brazo derecho y ejecutor cotidiano de corrupción extrema y protección al narcotráfico, fue capturado a finales de 2019 en Estados Unidos como consecuencia de haber operado esa política consciente y persistentemente. En el país vecino se colocó a Genaro García Luna, exdirector de la AFI y exsecretario de Seguridad Pública durante los gobiernos panistas, en el banquillo de los acusados. Y con él a los presidentes a los que sirvió; Vicente Fox y Felipe Calderón, a quienes se está muy lejos de juzgar por crímenes que ellos dejaron cometer al superpolicía de ambos sexenios. En ese contexto, conveniente y curiosamente, por si acaso, Calderón solicitó la ciudadanía española desde 2022.

La creación del enemigo, la justificación del estado de excepción, la guerra contra el narcotráfico, sirvieron para encubrir una realidad corrupta, la de un gobierno represor de ciertos grupos de la delincuencia y de la ciudadanía pacífica, pero protector —hoy se sabe a partir de las graves imputaciones de las que fue hallado culpable Genaro García Luna en Estados Unidos— del más poderoso grupo traficante y criminal de México, el cártel de Sinaloa. En síntesis, el narcogobierno con su dosis de necropolítica, en la práctica, sirvió para enriquecer escandalosamente y empoderar a la cúpula de una estructura policial corrupta. Los dos gobiernos de Acción Nacional consintieron estos extremos de protección oficial a delincuentes, como lo muestra el hecho de que no promovieron el mínimo asomo de una denuncia en México en contra del jefe policial consentido de sus sexenios.

Las estadísticas no habían logrado retroceder de esos niveles de horror extremo más de una década después, desde que se gobernó en contextos de muerte —la necropolítica—, con crecimiento sin tregua de la criminalidad y de descomposición social, y en contextos de narcogobierno, lo que ha implicado corrupción pública y privada, impunidad de las corporaciones de seguridad que sirvieron a la delincuencia organizada, saqueo y entrega de riquezas naturales a inversionistas extranjeros, empobrecimiento de las mayorías, decenas de miles de víctimas inocentes de la guerra y envío de capitales mal habidos a paraísos del lavado de dinero.

Y violencia electoral

Otra señal inequívoca de la necropolítica se evidenció a finales de febrero de 2021, cuando el presidente Andrés Manuel López Obrador anunciaba que elementos de la Guardia Nacional brindarían protección a ciertos candidatos a puestos populares en algunos sitios del país en las inminentes elecciones intermedias. "Estoy consciente de los riesgos, pero hay que defender la libertad; la libertad no se implora, se conquista. Los vamos a proteger a todos".

Y es que el crimen organizado se había infiltrado hacía tiempo en procesos electorales. Los mafiosos comenzaron imponiendo a los jefes de seguridad municipal, luego a los encargados de contratar obras públicas "y ahora ya hasta [quieren nombrar] a los candidatos a alcaldes", dijo.

La inminencia del triunfo avasallador de la izquierda en los comicios presidenciales de 2018 había convertido aquel proceso en las urnas en la elección del miedo. Al menos 102 políticos locales fueron asesinados entre septiembre de 2017 y mayo de 2018 y hubo otros 112 amenazados de muerte. Atentados contra familiares de candidatos arrojaron 46 muertos adicionales, según encuestas de reportes de riesgo electoral difundidas durante ese año.

Se trataba de un incremento de 385% en relación con los homicidios dolosos de políticos ocurridos en el proceso electoral de 2015. "Las ejecuciones realizadas por comandos armados continuaron siendo el común denominador de los asesinatos en el 67% de los casos; hasta 16% de las víctimas fueron halladas con señales de tortura y violencia extrema", reportaba la consultora Etellekt.

La Asociación Nacional de Alcaldes aportaría otro dato escalofriante: desde 2006 y hasta 2020 más de 100 presidentes municipales en funciones, varios apenas electos, y también exalcaldes fueron asesinados con violencia en el país. Cada vez que hay elecciones surgen amenazas por el predominio criminal en regiones con presencia del narcotráfico, admitió entonces el primer mandatario.

Según las estadísticas de 2020, la necropolítica seguía siendo preponderante en Guanajuato, con 4 490 crímenes dolosos; Baja California con 2 906; Estado de México con 2 793; Chihuahua con 2 686; Jalisco con 2 621; Michoacán con 2 433; Sonora con 1 584; Veracruz con 1 457; Guerrero con 1 435 y Zacatecas con 1 065. Hubo llamados de urgencia de organizaciones y de políticos para que ya comenzara a verse cómo sería gobernar sin tantos muertos y cómo debería disminuir una violencia que durante décadas nos había venido marcando como país.

En vísperas de las elecciones intermedias de junio de 2021 se contabilizaban 88 nuevos asesinatos de políticos locales, entre ellos más de 35 aspirantes a puestos de representación popular en varios municipios del país. Delincuenca organizada y políticos y empresarios ligados a la actividad criminal estarían detrás de esas agresiones que confirmaban, en el día a día, el dicho del Gobierno: "Ahora el narco quiere poner y quitar a candidatos".

Los narcogobiernos se fueron convirtiendo en un tema aspiracional para muchos políticos. Y sus impulsores ponían manos a la obra con anticipación, planeación y ejecución de sus designios de protección tratando de controlar a la ciudadanía en las urnas. El signo partidario de los futuros gobernantes era lo de menos: la delincuencia simplemente se aseguraba de que el poder estuviera en sus manos a través de la compra de voluntades, involucrándose ya abiertamente en todo el proceso electoral. El mayor riesgo de gobernabilidad y para el proceso electoral que hemos detectado desde el Gobierno es, lamentablemente, la actividad de grupos del crimen organizado, reconoció cuando era secretaria de Gobernación Olga Sánchez Cordero: "El crimen organizado lo que quiere es territorio y el territorio está precisamente a nivel municipalidad; de ahí la vulnerabilidad en casos de candidatos a elección popular en los municipios: alcaldes, regidores, síndicos".

El clima previo a las elecciones más grandes de la historia, en 2021, con más de 93 millones de votantes potenciales para elegir 500 diputados federales, 15 de los 32 gobernadores y representantes a 30 congresos locales amenazaba así con negros y renovados nubarrones de violencia y el advenimiento masivo de narcogobiernos locales que podrían afianzarse, cambiar el mapa criminal y potenciar la ausencia de estado real, con vacíos de poder en numerosos territorios del país.

Genaro García Luna:
motor del narcogobierno

Un narcogobierno y su operación cotidiana instalada en la necropolítica requieren de numeroso personal operativo cuyas acciones, además, deben permanecer encubiertas dentro de una estructura institucional más o menos confiable. También exige la disponibilidad de recursos multimillonarios casi inagotables. Todo ello se lo garantizó a la administración de Felipe Calderón su secretario de Seguridad Pública, el ingeniero Genaro García Luna, quien diseñó un sistema para operar la Policía Federal (PF) como una mafia organizada, en paralelo con la función gubernamental que se le asignó, utilizando a oficiales y policías en tareas ilícitas y dotándolos de enormes presupuestos para operar al servicio de la delincuencia.

¿Cómo logró García Luna colocar a todo un gobierno a las órdenes del cártel de Sinaloa y con plena impunidad? Destinaba todos los días cuantiosos pagos del erario para misiones inexistentes, solamente simuladas, de su Policía Federal. Bastaría para que la Unidad de Inteligencia Financiera de Hacienda (UIF) pusiera hoy al descubierto esta operación hormiga de viáticos hacer una revisión de lo que se gastó en ese rubro durante los últimos seis años en los que García Luna estuvo al frente de decenas de miles de policías con presupuestos que crecían de manera exponencial. Veamos el operativo corrupto en la práctica:

Viaticar es una palabra malsana, un neologismo metido a la fuerza en el lenguaje cotidiano de la vieja Secretaría de Seguridad Pública Federal: de sustantivo pasó a ser un verbo innoble y perverso convertido, a fuerza de la costumbre, en expresión cotidiana para nombrar un *modus operandi* de inocente apariencia administrativa que encubría corruptelas y era la tapadera de acciones ilegales de todo tipo y magnitud.

Cabían todas las arbitrariedades allí, desde las más elementales como alterar facturas para robar dinero del erario, hasta las más sofisticadas como solventar con recursos públicos, aunque encubiertos, el cumplimiento de encargos claramente criminales, esos que llevaron al presidente Andrés Manuel López Obrador a sostener que, en etapas recientes de México, en especial cuando fue presidente el panista Felipe Calderón Hinojosa, el país vivía en un narcogobierno.

Viaticar era la fórmula diseñada *ex profeso* para ordeñar al erario, para exprimir las ubres del cada vez más abultado presupuesto destinado a la seguridad y a la movilización de decenas de miles de policías por toda la geografía mexicana. La clave estaba en *viaticar falsamente* al personal, un hábito corrupto, consentido y ordenado por el jefe de aquel viejo equipo que se había colocado a sí mismo el propagandístico apelativo de "superpolicía" en los albores de este siglo.

Misiones inventadas, oficios de comisión sacados desde la manga ancha de la imaginación para que jefes y policías de base aparecieran en reportes oficiales como enviados a algún lugar de la República aunque ni siquiera se movían de sus escritorios.

Abundaba también el personal administrativo que aceptaba ceder para sus superiores la mitad de los viáticos que, constantes y sonantes, les eran entregados para hoteles, restaurantes, gasolinas, pago de peajes, reparación de vehículos y otros gastos solo existentes en el papel, justificándolos con notas y facturas apócrifas pero jamás aplicados. A todo el mundo le convenía un ingreso extra y por eso el personal, en su mayoría, estaba de acuerdo en fingir viajar, simular gastar con respaldo de notas falsas, sin siquiera salir de sus cómodas oficinas. Por otra parte, negarse a entrar a ese tobogán ultracorrupto tendría como consecuencia una sanción de los superiores por insubordinación. A ese operativo de saqueo, en que la Policía Federal dependiente de la Secretaría de Seguridad Pública (SSP) se volvió experta, se le llamaba *viaticar*.

Con este *recurso del método* (el de *viaticar en falso*) coexistió otra vertiente todavía más corrupta, la que ponía a los policías federales al servicio directo de la delincuencia, una desviación de funciones francamente criminal en paralelo:

Para tal fin había cierto personal policial selecto que efectivamente viajaba, que sí iba con encargos específicos, pero no precisamente a los lugares y misiones que aparecían consignados por escrito en los oficios de comisión hacia varias entidades del país, sino a sitios diferentes de la geografía y precisamente para realizar trabajo sucio por encargo y en favor de grupos delincuenciales.

Esas acciones, evidentemente delictivas, estaban diseñadas y acordadas con anterioridad entre jefes mafiosos internos (desde el Gobierno) y jefes mafiosos externos (desde las organizaciones criminales): secuestros, extorsiones, cobros de piso, recepción y traslado o entrega de drogas ilícitas, allanamientos de inmuebles con botín de guerra incluido, desapariciones de personas e incluso liquidación física de adversarios eran algunas tareas que cumplían los operadores viajeros, con o sin el uniforme policial.

Las huellas de este actuar torcido y criminal después se borraban en los reportes burocráticos, en donde los trasiegos de droga, los acopios de armas, las detenciones arbitrarias con desaparición de personas y hasta los asesinatos a mansalva eran reportados como acciones perpetradas exclusivamente entre grupos de la delincuencia, con lo cual se mantenía a salvo, incólume, impune, ajena a toda posible investigación, cualquier acción delictiva de la así corrompida Policía Federal.

Jefes y agentes me describieron con detalle cómo operaba ese mundo ficticio de los viáticos, al cual se hacía convivir con algunas misiones policiales que se tramitaban y ejecutaban limpiamente, de vez en vez, para alejar de todo escrutinio a la dependencia y no hacer tan evidente la realidad de que todo el aparato de seguridad pública federal estaba ya al servicio de la criminalidad. Algunos resultados positivos como detenciones de sicarios y capos de cierto nivel, decomisos de armas y de vehículos (en contadas ocasiones se reportaba dinero en efectivo), eran pronto magnificados a través de todos los medios informativos en ruedas de prensa delante de un helicóptero artillado Black Hawk en instalaciones de la Secretaría de Seguridad Pública federal, en donde los presuntos delincuentes eran presentados a los medios sin haber comparecido todavía ante un agente del Ministerio Público o ante un juez. No importaba si después los sujetos salían libres de toda culpa, porque muchos habían sido falsamente acusados. Lo más fácil, entonces, era atribuir corrupción o debilidad al sistema judicial.

A su vez, el tribunal mediático estaba disponible, perfectamente aceitado con dádivas contantes y sonantes de dinero en efectivo, y era utilizado con énfasis propagandístico cuantas veces fuera benéfico para los funcionarios, avalando así una interminable cadena de éxitos pírricos para sembrar la sensación de que finalmente la autoridad estaba actuando en una guerra sin cuartel en contra de la criminalidad.

García Luna, un ingeniero mecánico metido desde muy joven en las entrañas del espionaje, primero, y de la seguridad pública después, aprovechó todo el andamiaje policial construido durante décadas en el país y los increíblemente laxos controles sobre el gasto público en seguridad para convertirse así, por muchos años, en el indiscutible jefe de este sistema de corrupción organizada. Por eso logró ser el incansable motor y promotor personal del narcogobierno.

Fue Genaro García Luna el modelo de funcionario que personificó la noción de una administración pública podrida hasta sus raíces y que servía a fines aviesos, diametralmente distintos a su misión de combatir a la delincuencia organizada. Siendo esta su principal encomienda, el embate era solamente fingido o sesgado para engañar a la ciudadanía y para de esa manera soterrada por fin hacer que el Gobierno terminara beneficiando a un grupo hegemónico criminal.

En efecto, la corporación misma y sus consentidos mandos siempre fueron cómplices y aliados disponibles al servicio incondicional del cártel de Sinaloa, ni más ni menos, como consta en las investigaciones que llevaron a García Luna a enfrentar procesos iniciados en su contra en los Estados Unidos, donde ha estado preso desde diciembre de 2019, tras ser detenido en Dallas, Texas.

García Luna se preparó durante muchos años, se convirtió en investigador y especialista en seguridad desde que trabajaba en el Centro de Información y Seguridad Nacional (Cisen), dedicando sus afanes y conocimientos, que no eran pocos, para acumular datos y documentos sensibles que le ayudarían a ofrecer todas sus pericias a los gobiernos panistas en México y simultáneamente poner esos saberes al servicio de capos del narcotráfico desde que inició este siglo. Ya en 2001 estaba atento y disponible para ofrecer protección al tráfico de drogas a cambio de multimillonarios sobornos en dólares, según documenta una prolongada y profunda investigación que promovió el Gobierno de los Estados Unidos.

Este entramado de acciones corruptas, fraguado y ordenado desde las más importantes funciones públicas que tuvo a su cargo García Luna, lo llevaron finalmente a ser recluido en una cárcel en Nueva York, donde cumplía cuatro años de encierro tras ser capturado en Miami en diciembre de 2019, negándosele desde un principio y en varios intentos fallidos (como ofrecer dos millones de dólares de garantía) cualquier posibilidad de libertad bajo fianza. Severamente resguardado y con unos cuantos minutos al día para tomar algo de sol, el exjefe policial esperó, enfundado en su uniforme color naranja y con esposas, ser enjuiciado por estos muy graves delitos:

> Ser participante en una "empresa criminal continua", desde la cual se traficaron toneladas de cocaína hacia los Estados Unidos. Cuatro cargos específicos por trasiego, posesión, importación y venta de drogas y una acusación más por haber mentido, bajo juramento, al solicitar en 2018 la ciudadanía estadounidense.

Según los fiscales Seth D. DuCharme y Richard Donoghue, García Luna y funcionarios allegados a él habrían recibido millones de dólares del cártel de Sinaloa para proteger cargamentos de droga y además filtrarles información sensible de inteligencia a sus verdaderos amos cada vez que surgían investigaciones y operativos que el Gobierno estaba por emprender contra ese cártel, sea por el Ejército, la Marina, las policías locales o la propia Federal; esta última también ofrecía a Sinaloa datos de grupos enemigos con el fin de allanarles el camino a sus multimillonarias operaciones de tráfico de todo tipo de drogas, lograr consolidar su dominio territorial y cometer para alcanzar esos fines una gama muy variada de delitos nacionales e internacionales.

Todo ello era diseñado y operado por García Luna mientras era oficialmente el más alto funcionario gubernamental que en teoría debería dedicar sus afanes a combatir a los más peligrosos delincuentes, pero a los que en la realidad ya había convertido en sus jefes, cómplices y amigos.

"Durante casi dos décadas" este ex alto funcionario mexicano "traicionó a quienes había jurado proteger, al aceptar sobornos de miembros del cártel de Sinaloa para facilitar sus crímenes y potenciar su empresa criminal", expresó DuCharme.

García Luna facilitó el trasiego de toneladas de cocaína durante años, en una operación criminal organizada, sistemática y trasnacional aceitada con recursos ilícitos, según el prontuario que serviría de base para juzgar en Estados Unidos a este exdirector de la AFI y exsecretario de Seguridad Pública Federal en los sexenios de Vicente Fox y Felipe Calderón Hinojosa, respectivamente.

Tráfico y distribución de cantidades masivas de drogas peligrosas para el mercado estadounidense, así se describe a esas "acciones criminales continuas" del ex superpolicía, según la Corte neoyorquina que postergó su proceso, una y otra vez, hasta 2023. Por esos gravísimos cargos podría enfrentar cadena perpetua.

La acusación ampliada le fue leída por primera vez por el juez federal en Nueva York a García Luna, durante una conferencia remota, debido a la pandemia de Covid-19, el 7 de octubre de 2020, en medio de muchos minutos de total desorden en la sala por causa de celulares y grabadoras encendidas que emitían voces, sonidos, ruido ambiental, música y anuncios que hicieron enojar al juez Bryan Cogan.

Pese a los inconvenientes momentáneos, el titular de la Corte fue explícito, no se anduvo con rodeos y pronunció esta imputación textual tomándola del expediente: "La acusación señala que usted era el jefe de varios cómplices y ganó una fortuna gracias a estos envíos" (de cocaína y heroína, que podrían sumar hasta más de 57 toneladas).

El juez Cogan le recordó a García Luna que se le imputaba haber recibido sobornos multimillonarios por parte del cártel de Sinaloa y de los Beltrán Leyva para permitirles traficar y ayudarles en el trasiego de drogas, desde hacía casi dos décadas de manera ininterrumpida.

Y volvió a mencionar la imputación contra García Luna por haber mentido a las autoridades de Estados Unidos cuando solicitó su ciudadanía en ese país, pues declaró que no había cometido jamás algún delito relacionado con narcotráfico. La participación del exfuncionario mexicano en varios envíos de cocaína fue "activa", le machacó el juez, y por eso estuvo muy lejos de ser ocasional, aislada y única: "no solamente se trató de una acción cómplice de facilitación o encubrimiento".

Desde su sitio de detención, por videoconferencia, García Luna volvió a declararse en esa ocasión "no culpable", a través de su abogado defensor César de Castro. Ambos acababan de ser enterados de que un nuevo paquete de evidencias contra el extitular de la SSP fue entregado a la Corte el 29 de septiembre. Ahí se incluían decenas de videos, grabaciones, documentos comprometedores, intercepción de llamadas telefónicas, aportados por Washington, más otros elementos de acusación enviados por el Gobierno de México, entre las múltiples pruebas de cargo.

(No hay que olvidar que el fiscal general mexicano, Alejandro Gertz Manero, hace más de dos décadas, siendo el primer titular de la Secretaría de Seguridad Pública federal, había consignado a García Luna por presuntas compras corruptas de aeronaves y automotores y por no poder justificar al menos 40 millones de pesos etiquetados para pago de testigos en la entonces recién creada ssp, donde Genaro era funcionario medio. Otros 18 exjefes de aquella ssp también fueron consignados por Gertz, entre ellos el almirante Wilfrido Robledo Madrid, quien terminó siendo inhabilitado por 10 años para alguna función pública por el juez de la causa. Al ya para entonces poderoso García Luna se le exculpó en aquel viejo proceso y no fue consignado ni inhabilitado, lo que aumentó la animadversión personal entre el entonces imputado y su acusador).

Para apuntalar el señalamiento de operar una empresa criminal continua, en colaboración con el cártel de Sinaloa, en la Corte de Nueva York se enlistaban en octubre algunos de los cargamentos de droga que habría introducido presuntamente García Luna durante varios años en los Estados Unidos, seis de los cuales sumarían más de 50 toneladas:

El más importante entre los mencionados era un alijo de 21 toneladas de cocaína aseguradas frente a las costas de Panamá, en marzo de 2007, en el buque carguero *Gatún*. La fiscalía anunció que presentaría físicamente unos 20 kilogramos de ese enorme tráfico, sugerentemente ocurrido [se recordó en la Corte] muy poco tiempo después de que el gobierno de Felipe Calderón incautara al menos 205 millones de dólares en efectivo en la lujosa residencia del empresario chino mexicano Zhenli Ye Gon, en las Lomas de Chapultepec en la Ciudad de México. 250 millones se le escapó decir equívocamente al mandatario cuando se decomisó la fortuna en 2007.

(El destino de la fortuna de Ye Gon fue incierto, aunque el gobierno de Calderón afirma haberlo destinado a la creación y mantenimiento de los centros para la atención de adictos Nueva Vida, que por entonces coordinaban los esposos Alejandro y Rosy Orozco, cercanos al presidente. Hubo un tiempo en el que esta pareja llevaba a Felipe Calderón a predicar a su organización religiosa Sobre la Roca con tanta frecuencia, que se corrió el rumor de que el mandatario y su esposa Margarita Zavala ya se habrían convertido de católicos en fieles evangélicos).

Entre otros cargamentos que la agencia antidrogas de Estados Unidos ofreció presentar estaban los 43.8 kilogramos de cocaína capturados en Brooklyn el 24 de mayo de 2002, cuando García Luna coordinaba la AFI de la Procuraduría General de la República (PGR), y unos 22 kilos de cocaína y cuatro de heroína de los incautados en Palisades, Nueva Jersey, en julio de 2009, ya siendo este mexicano secretario de Seguridad Pública Federal.

La sola mención de casos específicos hacía concluir que el Gobierno estadounidense había documentado evidencias y testimonios de la participación de García Luna en esos y otros trasiegos ilícitos; videos, testimonios, grabaciones telefónicas y otras pruebas no dejarían lugar a dudas de su involucramiento personal, se decía.

"Entre 2002 y 2007 García Luna presuntamente ayudó en al menos seis envíos de cocaína por más de 50 mil kilos. Además, testigos mencionaron que el exsecretario colocó a otros funcionarios corruptos en posiciones de poder sobre ciertas áreas de la República mexicana controladas por el cártel de Sinaloa", especificaba un comunicado del Departamento de Justicia de los Estados Unidos.

Como nuevos "descubrimientos probatorios", la Fiscalía entregó al abogado César de Castro unas 60 mil páginas que se sumarían a las casi 190 mil que ya la Corte tenía en su poder. Al final sobrepasaron el millón. De este cúmulo de documentación habrían derivado las órdenes de aprehensión contra Luis Cárdenas Palomino y Ramón Pequeño García, quienes eran coordinadores de la División de Inteligencia para la Prevención del Delito y de la División de Seguridad Regional, respectivamente, en la Policía Federal, bajo el mando de García Luna. Ambos exfuncionarios mexicanos son prófugos de la justicia estadounidense, pues los dos participaron activamente en los tráficos ilícitos de cocaína y heroína que se le imputan a su exjefe.

Un dato que no se mencionaba aún en la Corte, pero que dio a conocer el periodista Alan Feuer, es que los tres altos mandos tuvieron que ver con el asesinato de un informante colombiano de la DEA, cuyo nombre no reveló. Eso ocurrió hace más de una década, habría confirmado el testigo "renegado" de un cártel de Colombia y que se convirtió en colaborador de la justicia.

Ese informante fue privado de la vida cuando aportaba datos a las autoridades estadounidenses sobre los envíos de droga controlados por Arturo Beltrán Leyva y Sergio Villarreal Barragán "el Grande". Se confirmó que García Luna recibió el nombre de ese testigo colaborador en Bogotá y el jefe policiaco se lo hizo saber inmediatamente a Arturo Beltrán Leyva, quien ordenó secuestrar al colombiano y torturarlo hasta que confesó trabajar para la DEA. Entonces fue asesinado, según la versión publicada por Feuer, corresponsal de *The New York Times*.

Los movimientos de García Luna han sido vigilados desde aquellos años, pero se le puso la mira encima con más empeño luego de que ya no ocupó cargos en el Gobierno mexicano. Cuando se trasladó a vivir a Miami, Florida, los pasos del expolicía fueron rigurosamente seguidos y documentados, sus llamadas intervenidas, sus cuentas bancarias expuestas, sus negocios colocados al descubierto. Con el tiempo irían apareciendo algunas de sus inversiones internacionales, mediante empresas reales o de fachada, a nombre propio, de familiares o de posibles prestanombres.

Se anunció que serían convocados, durante el proceso al jefe policiaco, expertos en análisis forense de drogas, en métodos de lavado de dinero procedente del tráfico de drogas, en transacciones y movimiento de capitales en cualquier lugar del mundo. Correos electrónicos, fotografías, operaciones financieras millonarias y unas mil 500 llamadas interceptadas y grabadas formaban parte del bagaje acusatorio que revisaban y perfeccionaban expertos en informática y finanzas, quienes finalmente no aparecieron en el juicio público de Nueva York, pero cuyas aportaciones estaban ahí documentadas. Tampoco se exhibieron ante el jurado cientos de intercepciones telefónicas ni videos explícitos que se aseguró que existían en poder de la Corte.

Ante el cúmulo de evidencias, aparentemente resultaba poco pragmático que García Luna continuase declarándose inocente de al menos seis cargos de tráfico internacional de drogas, alianza corrupta mediante sobornos con el cártel de Sinaloa y falsedad en declaraciones a una autoridad estadounidense. Por ese camino tendría el mismo final que su viejo socio Joaquín *el Chapo* Guzmán Loera: prisión de por vida.

Si deseare tener algún beneficio carcelario o reducción de su condena final, García Luna tendría que dejar de declararse inocente y convertirse ya en testigo colaborador bajo protección, hacer a un lado las mentiras y dar pormenores de la corrupta protección que, durante años y desde cargos públicos, habría brindado al cártel de Sinaloa. Pero hasta después de ser declarado culpable, en 2023, el acusado seguía manteniendo su postura de inocencia o "no culpabilidad", exactamente la misma que adoptó Joaquín *el Chapo* Guzmán Loera, quien jamás dio su brazo a torcer y una consecuencia de ese empecinamiento fue la sentencia por la que estará en prisión de por vida.

Admitir sus delitos y tratar de negociar una condena menor (quizás de unos 20 años o aún menos de cárcel) le implicaría a García Luna la alternativa de cambiar de nombre y ser ubicado él con toda su familia en un sitio desconocido para la opinión pública, entregar propiedades y millones de dólares producto de su corrupción, denunciar a cómplices dentro de tres sucesivos gobiernos mexicanos sin descartar la posibilidad de acusar incluso a presidentes de la República. Si es antes del veredicto condenatorio, que se ha ido aplazando, mejor para él. Pero la defensa de García Luna ha intentado reabrir el juicio, pues habrían surgido testimonios y documentos que, según el abogado Castro, desmontarían varias acusaciones por las que ya un jurado lo consideró culpable a principios de 2023.

El expolicía no se resignaba a pagar el precio de su posible reducción de condena. Negociar y convertirse en testigo colaborador es una decisión difícil, hay que admitirlo. En cambio, seguir negando los múltiples delitos que se le imputan equivale a enfrentar la cárcel de por vida. Es bien sabido que un mexicano no puede ser condenado a la pena de muerte en aquel país, según lo establecen los tratados entre México y Estados Unidos.

Tampoco se daría la hipótesis de que Genaro García Luna fuera primero juzgado en México (ya no ocurrió así) y que luego fuese devuelto a Estados Unidos una vez cumplida una eventual condena en su país.

El camino rumbo a su condena en corte extranjera estaba ya trazado y solamente podría variar entre ser de 20 años o una cadena perpetua. Eso podría ocurrir a finales de 2023 o principios de 2024. Pero esa convicción no impidió que la Fiscalía General de la República solicitara (de manera súbita y muy tardía) al exfuncionario en extradición, en un esfuerzo por traerlo a su país de origen para ser juzgado en México por presunto enriquecimiento ilícito y lavado de más de 28 millones de pesos, delitos menores si se comparan con las comprometedoras imputaciones que se le han enderezado en los Estados Unidos. Lo cierto es que, mientras García Luna no estuvo bajo arresto en el país vecino, aquí ninguna autoridad emprendió investigaciones en su contra. La petición formal para que fuera repatriado llegó muy a destiempo y se vio francamente mediática y políticamente oportunista.

Los 12 apóstoles

Existen datos precisos de cómo el círculo más cercano de comisarios y comandantes nombrados por García Luna, sus incondicionales, se encargaban de coordinar todas las operaciones de la Policía Federal en diversos estados de la República para ser ellos los ejecutores prácticos de todas las acciones que pudieron tipificarse, en los hechos, como existencia de un narcogobierno activo y funcional para los fines de la delincuencia y para el servicio puntual de las instituciones a las consignas de la delincuencia organizada. En el gobierno de Calderón se tuvo que aplicar la necropolítica para obtener los resultados deseados.

Esos altos jefes, al frente de comandos enormemente entrenados y corruptos, fueron descritos por el excomisionado Javier Herrera Valles como "los 12 apóstoles", entre los cuales estaban Luis Cárdenas Palomino, Ramón García Pequeño, Édgar Eusebio Flores Millán, Francisco Javier Garza Palacios, Igor Labastida, Facundo Rosas Rosas, Armando Espinosa de Benito, Gerardo Garay Cadena, Benito

Roa, Nahum García Martínez, Antonio Pérez García, incluidas la hermana Esperanza García Luna y la excomisionada Maribel Cervantes Guerrero. El círculo de operadores incondicionales se iba ampliando mediante la venta de plazas clave de la SSP en por lo menos 50 mil dólares cada una, que varios de ellos adquirieron. Algunos del círculo cercanísimo al mando, como Flores Millán y Labastida, fueron asesinados, pero muchos otros pasean hoy mismo su total impunidad.

García Luna manejaba la Policía del país como una empresa particular y como un cártel delincuencial organizado desde una institución gubernamental, ha reiterado Javier Herrera Valles. Fue García Luna quien ordenó que fueran retirados de las carreteras los viejos patrulleros de la Policía Federal de Caminos, con el fin de dejar absoluta vía libre y un amplio dominio territorial para el tráfico terrestre al cártel de Sinaloa. Así ya nadie podía interferir en la operación de los sinaloenses en las rutas más importantes de la droga. Herrera Valles, criminólogo y piloto aviador, sabe de lo que habla. Perteneció por más de tres décadas a la Policía caminera antes de ser nombrado comisario de la Policía Federal Preventiva.

Herrera Valles denunció en dos escritos entregados al presidente Felipe Calderón, en febrero y mayo de 2008, inadmisibles irregularidades, como la llegada a la PF de mandos que tenían antecedentes penales y que no pasaron los exámenes de confianza, pese a lo cual fueron colocados en altos puestos, pero no fue escuchado por el presidente en turno. En pago a sus valientes denuncias, el comisario fue cesado y, a finales de ese mismo 2008, arrestado con violencia por decenas de policías cuando se dirigía a ratificar ante la opinión pública sus acusaciones en un programa de Televisa conducido por Denise Maerker.

Javier Herrera Valles se convirtió, de la noche a la mañana, de comisario de la PF en acusado de falsos delitos de corrupción y encubrimiento a narcos (justamente la misma imputación que él hacía contra García Luna); fue destituido, arraigado de forma ilegal y condenado a prisión. Casi cuatro años pasó en el penal de Tepic y al final los jueces lo declararon inocente y lo pusieron en libertad absoluta porque no se pudo comprobar ni una sola de las acusaciones.

En 2020, la Comisión Interamericana de Derechos Humanos (CIDH) emitió una resolución de admisibilidad del caso Herrera Valles, casi 12 años después de que él interpuso una queja ante esa instancia de la Organización de Estados Americanos.

Así como García Luna estaba siendo procesado en una Corte de Nueva York, el Gobierno mexicano de la era Calderón estaba sentado en el banquillo de los acusados en la instancia Interamericana por violaciones graves que implican tortura, invención de delitos, manipulación de testigos falsos, retención arbitraria, arraigo irregular, persecución a los hermanos Javier y Arturo Herrera Valles y a muchos de sus familiares, entre otros flagrantes atropellos a sus derechos.

Mientras el Gobierno mexicano afirma que los Herrera Valles no agotaron las instancias nacionales antes de acudir a la CIDH, la Comisión Interamericana atendió la lógica de los quejosos de que no hay la mínima voluntad de investigar en México denuncias por violaciones a sus derechos humanos, ni en el tema del arraigo irregular, ni en las reiteradas torturas durante el arresto sin orden judicial ni estando bajo custodia de la autoridad, ni en la prisión con acusaciones falsas, ni en la reincorporación a un trabajo pese a los 31 años de servicio policial del excomisionado.

Recursos administrativos y judiciales no sirven de nada en ningún país cuando hay consigna contra las personas injustamente encarceladas. "Después de más de 10 años", el Estado mexicano se niega a reparar los reclamos de los Herrera Valles y familia. Por tanto, para que no haya más dilación, la CIDH decidió admitir la queja excepcionalmente, porque no se puede aguardar una solución de justicia interna por tiempo indefinido.

La Comisión Interamericana dio un revés al Estado mexicano en el caso Herrera Valles y además, en ese mismo 2020, el Gobierno de Estados Unidos emitió órdenes de captura, con fines de extradición, contra Luis Cárdenas Palomino y Ramón García Pequeño, dos de los antiguos funcionarios más allegados a García Luna, señalados ya como cómplices de los delitos de su jefe. Cárdenas está en la prisión de alta seguridad de El Altiplano, en el Estado de México, acusado de tortura, y García Pequeño al parecer siguió la ruta de otro funcionario mexicano que el gobierno de la Cuarta Transformación ha querido extraditar desde Israel, país que le otorgó refugio: Tomás Zerón de Lucio.

García Luna, Cárdenas Palomino y García Pequeño habrían sido los exfuncionarios responsables del desvío multimillonario de recursos que debían ser empleados en combatir a la delincuencia, cuando la Policía estaba al servicio de criminales en vez de perseguirlos, tal como expresó el presidente Andrés Manuel López Obrador.

En teoría, García Luna y socios ni siquiera hubiesen tenido necesidad de recibir esos millones de dólares en sobornos de narcotraficantes, pues bastaba para enriquecerse a niveles de escándalo con falsificar gastos, inventar comisiones y viáticos y apropiarse de sobrantes del subejercicio de cada presupuesto anual, como en efecto todos ellos lo hicieron también para, mediante ese cotidiano y torcido *modus operandi,* lograr la acumulación de cuantiosas fortunas.

Quizá no interese a una Corte estadounidense hurgar en las entrañas de la corrupción interna y el enriquecimiento desmesurado de estos jefes, auténticos criminales enquistados en las policías mexicanas, pero eso sería como no entender que en su accionar como funcionarios corruptos e impunes residieron durante muchos años las claves que se necesitaban pulsar para lograr la puesta en marcha de toda la corporación federal al servicio de los traficantes: un engranaje corrupto de uso reiterado y cotidiano desde las altas esferas policiacas gubernamentales, que contaban con dinero en abundancia para mantener activo y operante, a través de su principal Policía, eso que luego describiría el presidente López Obrador como narcogobierno, cuyo eje y motor fue durante muchos años el ingeniero García Luna, la bisagra operativa entre gobierno y delincuencia.

Desde su perspectiva, aún sin mencionar este fenómeno por su nombre, Santiago Nieto, titular de la UIF, describía así el corazón del narcogobierno: "La corrupción política permea todos los espacios de la administración, en donde tenemos fiscalías o poderes judiciales que están vinculados o protegiendo a grupos delictivos".

Uno de los desafíos a los que se enfrenta el Gobierno mexicano es el combate a la corrupción desde las elecciones a cargos públicos. "Hay problema para determinar cómo evitamos que el sistema electoral tenga algún tipo de modificación en contra de la voluntad popular precisamente por temas vinculados a la corrupción".

En efecto, debido al gigantismo del esquema de corruptelas, apenas es perceptible que, de diciembre de 2018 a noviembre de 2020, la UIF logró bloquear a 5 025 personas físicas y morales y congeló un total de 32 029 cuentas ilícitas. Al participar en un ciclo de conferencias organizado por el Programa de Naciones Unidas para el Desarrollo en México, Nieto Castillo dijo que uno de los temas centrales de la discusión sobre las elecciones pasa por el combate a la corrupción:

> Por vía directa desde el narcotráfico o la delincuencia organizada, vía empresarios que vulneran los topes de aportaciones a las campañas electorales o por peculado electoral, desvío de fondos, bienes o servicios para fines electorales por parte de los gobiernos, encontramos el germen de la corrupción y el mantenimiento de un ciclo que permite a los sectores vinculados con esa corrupción mantenerse en el espacio público.

Hay una fórmula clásica para definir corrupción: "además de monopolio, una actividad discrecional y ausencia de rendición de cuentas". En México "hay monopolio en la postulación de candidaturas de representación proporcional, por ejemplo. Y no tenemos un sistema de elecciones primarias de los partidos políticos. Esta práctica monopólica, más la discrecionalidad, menos la rendición de cuentas, nos va a llevar a casos seguros de corrupción".

Y esa corrupción política termina cobijando a los grupos delincuenciales. Una manera distinta de describir lo que puede ser un narcogobierno desde sus raíces mismas: elecciones arregladas que derivan en administraciones públicas cómplices de la criminalidad.

¿Extraditado a México?

Pocos meses se mantuvo Genaro García Luna como el más alto exfuncionario mexicano detenido en Estados Unidos en la historia. Lo desbancó de ese sitial tristemente privilegiado el general Salvador Cienfuegos Cepeda, exsecretario de la Defensa Nacional en el sexenio de Enrique Peña Nieto, cuando el militar fue capturado en el aeropuerto de Los Ángeles, California, a donde había llegado acompañado por su familia el 15 de octubre de 2020.

Solo que el exjefe del Ejército mexicano duró apenas unas pocas semanas en situación de acusado de delitos de narcotráfico y lavado de dinero, cuando de manera sorpresiva el juicio se suspendió y el personaje fue enviado de regreso a México. Fue algo inédito, pues Cienfuegos ya había sido trasladado a una cárcel de Nueva York donde comenzaría a ser enjuiciado por presuntamente haber actuado al servicio del cártel H-2 de Nayarit, siendo titular de la Secretaría de la Defensa Nacional (Sedena), entre 2013 y 2015.

El Gobierno mexicano asumió un activo papel para defender al militar hasta lograr de los Estados Unidos el desis-

53

timiento de los cargos contra el general Cienfuegos y traerlo a nuestro país para en todo caso investigarlo aquí. Resulta, argumentó el Gobierno de México, que las agencias de inteligencia y el propio Departamento de Justicia de Estados Unidos se abstuvieron conscientemente, durante meses, de informar a las autoridades mexicanas que había una investigación por narcotráfico en contra del exjefe de las Fuerzas Armadas durante el gobierno de Peña Nieto.

La DEA le inventó delitos sin aportar pruebas, acusó al general Cienfuegos de recibir sobornos y ni siquiera tenía una descripción física correcta del alto militar, sino solo versiones de los capos que supuestamente le entregaban millones de dólares. "La DEA fabricó delitos", afirmó el Gobierno mexicano cuando aquí se decidió no armar un juicio y ni siquiera ejercer acción penal en contra del exsecretario de la Defensa, quien al final sería exonerado en enero de 2021.

Abordaremos el tema con detalle páginas adelante.

Por lo que respecta a Genaro García Luna, cuando estaba por cumplir el año de haber sido detenido en Texas, y estaba recluido hacía meses en un centro de detención de Nueva York, en México aún no se registraba alguna imputación grave en su contra. Estaba, pues, a punto de iniciarse un proceso formal al exfuncionario mexicano acusado en una Corte en Manhattan, que se pospuso para febrero, luego para junio de 2021, después a octubre de 2022 y finalmente hasta 2023.

Fue en esa circunstancia, ya encaminado el proceso a García Luna en Estados Unidos, cuando sorpresiva y tardíamente la Fiscalía General de la República emitió desde

México una orden de captura en contra del exsecretario de Seguridad Pública durante el sexenio de Felipe Calderón, por presumible enriquecimiento ilícito y lavado de dinero por casi 28 millones de pesos (más de 1.3 millones de dólares). A finales de noviembre de 2020, México operaba diplomáticamente con la intención expresa de iniciar un proceso de extradición del exfuncionario federal a través de la Secretaría de Relaciones Exteriores.

Semanas después se acumuló otra denuncia y consecuente investigación contra García Luna, relacionada con 10 contratos para la construcción y manejo de prisiones particulares por más de 400 millones de dólares, en donde actuó como intermediario y facilitador, según se informaba.

Parecía establecerse así ante la opinión pública un cierto paralelismo con las acciones que el gobierno de Andrés Manuel López Obrador emprendió para lograr una decisión insólita en días anteriores: la devolución a nuestro país del general Salvador Cienfuegos Cepeda, quien fuera capturado en el aeropuerto de Los Ángeles, California, a donde iba acompañado de su familia.

Empero, se trata de casos muy diferentes. Contra García Luna había múltiples imputaciones públicas de políticos y de periodistas que lo investigaron y casi nadie salió en su defensa en su propio país. Y pese a todas las denuncias, de todas maneras no había carpetas de investigación sobre algún delito que se le imputara en México, hasta que de pronto —ya con casi un año detenido en Estados Unidos— la Fiscalía mexicana formalizó una imputación por presunto enriquecimiento ilícito contra ese funcionario que había sido ampliamente denunciado durante años por periodistas en libros y reportajes, como principalmente lo hizo Anabel Hernández. Solo que el Gobierno mexicano no abogó por la libertad de García Luna como lo hizo con el general Cienfuegos, sino que pidió que se extraditara al extitular de Seguridad Pública Federal con el propósito de juzgarlo aquí por otros delitos, independientemente de los que se le habían atribuido ya en una Corte de Estados Unidos.

En cambio, contra el general Cienfuegos no se conocía señalamiento periodístico o judicial específico por narcotráfico. Y ahora México (con el exsecretario de la Defensa Nacional repatriado y en libertad) se veía obligado a hurgar hasta el fondo de los expedientes que se armaron en su contra en la Corte de Nueva York, a partir de la copia de la investigación y acusación que fueron remitidas a la Fiscalía General, señalando a este alto militar mexicano como traficante y lavador de dinero.

A ojos de cualquier analista, en las postrimerías del mandato de Donald Trump se veía difícil que el propio presidente o alguien de su gobierno se ocupase de una segunda devolución de un ex alto funcionario a México sin enjuiciarlo en Estados Unidos. No era un camino político a seguir para traer a García Luna o un precedente obligatorio y vinculante la rápida, sorpresiva e insólita repatriación del general Cienfuegos por parte del Gobierno de Washington en los días anteriores. Ni parecía que Donald Trump, reacio todavía entonces a entregar el mando al demócrata Joe Biden, decidiría distraer algunos de sus últimos agitados días como presidente de Estados Unidos en atender el tema de otro exfuncionario mexicano acusado de graves delitos, como García Luna, solo porque se lo acababa de pedir el país vecino.

Volviendo al caso del general Salvador Cienfuegos, en cuanto el personaje llegó al aeropuerto de Toluca, todavía custodiado por alguaciles estadounidenses, el 18 de noviembre, recuperó su libertad y se fue a su casa. Formalmente prometió acudir a cualquier llamado de la autoridad mexicana, aunque aquí no había alguna imputación en su contra. La Fiscalía mexicana recibió en las horas siguientes todo el expediente acusatorio que el Gobierno de Estados Unidos armó contra el alto militar.

Ante la sospecha creciente de que el exjefe del Ejército no sería juzgado en su propio país, expresada en medios periodísticos de los Estados Unidos, el canciller Marcelo Ebrard, activo promotor del retorno de Cienfuegos, explicó que México adquirió el compromiso de investigarlo y de que no habría impunidad para nadie, del nivel que fuere:

Sería muy costoso para México haber optado por tener esta negociación con los Estados Unidos, lograr que se desestimasen por primera vez en la historia los cargos contra un exsecretario, en este caso de la Defensa Nacional, que el personaje sea retornado a México y luego no hacer nada. Eso sería casi suicida.

Dinero bueno al sucio

S i alguna corporación recibió sustantivos incrementos de presupuesto fue precisamente la Policía consentida de Calderón. Operaba a sus anchas y engullía miles de millones que otras entidades gubernamentales anhelaban recibir y por eso la envidiaban.

En el año 2000, último del gobierno priista de Ernesto Zedillo, se destinaron 4 153 millones de pesos a la Federal Preventiva; luego Vicente Fox le asignó en 2001 algo más de 6 350 millones. Pero en 2012, al final del calderonismo, ya se había multiplicado entre nueve y 10 veces la cantidad asignada al Frankestein comandado por Genaro García Luna: 40 536 millones, por entonces más del doble de las asignaciones económicas que recibía, por citar un ejemplo, la Secretaría de Marina.

Con la espada de Damocles señalándola por subejercicios del gasto asignado, que obligarían a devolver miles de millones a la Secretaría de Hacienda en plena guerra contra la delincuencia organizada, el alto mando de la PF optó por la vía más fácil e impune: apropiarse de los presupuestos.

La Secretaría de Seguridad Pública dispuso discrecionalmente de multimillonarios "sobrantes" e incluso creó fideicomisos para esconder y administrar enormes cantidades de fondos presupuestales que no había gastado antes del final de cada ejercicio, cerrando así la posibilidad de que fueran objeto de escrutinio por parte de la Auditoría Superior de la Federación.

Con dinero guardado de esa manera, desde la SSP y la PF García Luna adquirió helicópteros Black Hawk similares a los que había donado Estados Unidos a México a través de la Iniciativa Mérida. Fueron 43 millones de dólares por tres aeronaves, algo más de 14 millones cada una.

(Vale recordar que la Secretaría de Marina años después compró helicópteros de la misma fábrica, pero a 28 millones cada unidad. Y luego la Secretaría de la Defensa Nacional adquirió los suyos en 37.7 millones de dólares cada uno. Se supone que en cada ocasión eran más modernos, venían con motores de repuesto, artillados para el combate a la delincuencia y con mantenimiento garantizado. Pero estos aditamentos y servicios no parecían justificar la enorme diferencia en costos en cada compra, por lo que continúa viva la sospecha de gravosos y abusivos sobreprecios también desde las Fuerzas Armadas).

Ya no existen más esos "guardaditos" que conservaban diversas dependencias del Gobierno federal y que, solamente en el área de cultura, representaban todavía en 2019 algo así como 250 mil millones de pesos. El gobierno de la Cuarta Transformación decidió regresar los capitales, que así se preservaban intocados, a la Secretaría de Hacienda y

Crédito Público para utilizarlos en la lucha contra la pandemia del coronavirus.

"Vamos a decir que cada dependencia, no todas, pero sí algunas, tenían sus guardaditos", muchos de los cuales eran manejados por unas cuantas personas, expresó el presidente Andrés Manuel López Obrador al decidir retornar más de 100 de estos instrumentos a Hacienda.

Volviendo a la no devolución de cientos y miles de millones de pesos al fisco, la LX Legislatura en 2009, de mayoría panista, dio por buenos los reportes de cero subejercicio presupuestal tanto de la Presidencia de la República como de las Secretarías de la Defensa Nacional y Seguridad Pública Federal en sus reportes de 2007 y 2008. Un aval lejos de toda realidad.

Una información del periódico *La Jornada*, en junio de 2009, reseñaba que, en su primer año de gobierno, Felipe Calderón incurrió en un subejercicio del gasto público de hasta 120 mil millones de pesos que estaban previstos para seguridad pública, programas sociales e infraestructura.

Los reporteros Roberto Garduño y Enrique Méndez, citando al auditor superior de la Federación Arturo González de Aragón, explicaban de qué manera ese volumen de dinero se dividió y repartió, en diciembre de 2007, "en fideicomisos, fondos, mandatos de la Federación y contratos" para diluirlo y "darlo por gastado a través de la Tesorería".

Era el primer año de gobierno calderonista ese diciembre cuando hubo 28 transferencias multimillonarias a distintos fideicomisos cuya finalidad "no nos han explicado", decía el auditor. Era escandaloso el nivel de opacidad. Esta manera de transferir los recursos era totalmente irregular y no cumplía con la normatividad en materia de ejercicio del gasto público. Si las disponibilidades se incrementan a través de fideicomisos, fondos, mandatos y contratos análogos, entonces "se ejercen con alta discrecionalidad". Se llegó a expedir cuentas por liquidar "certificadas" para dar por gastados los recursos, cuando en realidad solamente se hacían transferencias de un renglón presupuestal al patrimonio improvisado de fideicomisos, fondos y demás.

Tal como operó el Gobierno entonces, se hizo imposible revisar el uso y destino de los subejercicios y menos se logró alguna mínima devolución.

El Fondo se Seguridad Pública dejó de ejercer entre 43 y 44% del total presupuestado, "¡lo cual es increíble en una circunstancia de inseguridad como la que vive el país!", mostraba su desconcierto el auditor González de Aragón. "¿Cómo es posible que dejen de ejercer esa cantidad de recursos (en rubro tan prioritario)? Luego nos quejamos de que no tenemos suficientes fondos para tomar decisiones y acciones para combatir a la delincuencia".

El guardadito en Seguridad Pública en el primer año de García Luna representaba no menos de 4 mil millones de pesos. Un funcionario que conversó con el angustiado encargado de la administración de la ssp de entonces me contó: "el hombre andaba desesperado por conseguir facturas y comprobantes de lo que sea y por cualquier monto". Recuerda que le dijo sudoroso en su oficina: "El jefe me ordenó transferirle mil millones. ¿Y ahora cómo los justifico en menos de dos semanas?". (Al tipo de cambio de diciembre de 2007, se estaba refiriendo a una cifra superior a los 90 millones de dólares, muchas veces más que los entre 6 y 8 millones en divisa estadounidense que *el Rey* Jesús Reynaldo Zambada afirmó, bajo juramento ante una Corte de Nueva York, que había entregado a García Luna).

La verdad es que el antes poderoso secretario de Seguridad Pública Federal hizo escuela. A finales de 2020 la Fiscalía General de la República emitió órdenes de aprehensión contra al menos 19 exfuncionarios de la PF por haber desviado recursos o no haber comprobado unos 10 mil millones de pesos entre 2012 y 2018. Ya no eran épocas de García Luna, pero ahí estaba inamovible la receta, el *modus operandi* corrupto experimentado durante años.

Entre los imputados estaban los exsecretarios generales Jesús Orta Martínez (que fue también secretario de Seguridad Ciudadana de la capital del país), y Frida Martínez Zamora; Carmen Patricia Quiñones Piña, exdirectora adjunta de Enlace Administrativo en las Fuerzas Federales de Apoyo, y Carlos Hipólito Rivera Codina, quien de la División de Fuerzas Federales transitó hacia director general de Servicios Generales en la recién creada Guardia Nacional. En cuanto se le involucró oficialmente en los desvíos, fue cesado.

Las acusaciones eran por delincuencia organizada y operaciones con recursos de procedencia ilícita e incluían compras de vehículos, uniformes, armas y tecnología, pero sobre todo "viáticos entregados sin sustento documental" a los agentes y sus jefes, y numerosos policías comisionados a operativos que nunca se realizaron.

Seguían *viaticando* en falso, pues, los herederos de García Luna.

En la compra, por adjudicación directa, del equipo de inteligencia conocido como "Rafael" se pagaron 2 458 millones de pesos, mientras que su valor en el mercado no rebasaba los 500 millones, según pudo confirmar la autoridad. La denuncia fue presentada en 2019 y se constreñía a gastos en el sexenio de Enrique Peña Nieto. No había evidencia documental de servicios de hospedaje, alimentación, apoyo logístico y otros gastos en despliegues táctico-operativos que implicaron pagos por 8 108 millones de pesos cuando esa Policía Federal estaba bajo el mando de la Comisión Nacional de Seguridad; luego transitaría hacia la Guardia Nacional en el siguiente sexenio.

Varios de los ahora acusados continuaban sirviendo en el gobierno de la Cuarta Transformación. Además de los mencionados Orta, Frida, Rivera y Quiñones, se señaló como operadores de esta gran corrupción posterior a García Luna a Eleuterio Enrique Pérez Romero, Everardo Guzmán Linares, Federico Emilio Metzger Sánchez Armas, Francisco Javier Cruz Rosas, Osvaldo Martínez Hernández, Leonel Ignacio Orozco Padilla, Leopoldo Martínez Escamilla, Ramón Jesús Sánchez Cañedo, Jorge Carlos Ruiz Alavez, Édgar Ulises Calderón Luna, Israel Luna Espinosa, José Manuel Correa Flores, María Eldy Sosa Calderón, Verónica Tlahuitzo Pérez y Mercedes Hernández Rodríguez.

En el curso de las investigaciones se descubrió que, entre 2013 y 2017, el director y la subdirectora de Recursos Financieros de la Policía Federal, Jorge Carlos Ruiz Alavez y Verónica Tlahuitzo Pérez, emitieron 246 cheques en favor de sus jefes Jesús Orta y Frida Martínez, secretarios generales de esa PF, quienes a su vez los endosaron a favor de 15 de sus principales colaboradores para que ellos personalmente los cobraron en efectivo en varios bancos.

Con todo, según la causa penal 239/2020, las nuevas autoridades de la Guardia Nacional no hallaron un solo documento que amparase las salidas del dinero, unos 2 519 millones de pesos, que fueron extraídos de la partida 33 701 "Gastos de Seguridad Pública y Nacional", usualmente utilizada para pagar viáticos e informantes de diversas investigaciones, entre otros rubros.

"Todos los cheques fueron endosados en favor de terceras personas para su cobro en efectivo, pero se desconocen los conceptos o motivos de esos endosos", concluyó la auditoría.

Delincuencia organizada, lavado de dinero y peculado son delitos por los que un juez federal ordenó el arresto de Jesús Orta y Frida Martínez, a quienes se llegó a calificar como "líderes de un grupo criminal" y se pronosticaba que podrían recibir sentencias de entre 20 y 40 años de prisión por un desvío cuantificado en más de 2 500 millones de pesos.

Los Libres verde olivo

Pero no eran solamente policías los operarios de trabajo sucio para las mafias en gobiernos anteriores. Obtuvimos evidencia de que elementos militares fueron utilizados simultáneamente como el otro extremo de la pinza que resultaba indispensable para cerrar el ciclo de un *modus operandi* criminal desde el poder. Así se fueron consolidando cada una de las acciones corruptas que siempre fue necesario poner en práctica para el buen funcionamiento de la maquinaria del narcogobierno:

Algo que muy pocos saben en México es que existen varios cientos de soldados y oficiales a los que se denomina los Libres, porque han sido acusados de algún delito común o contra la disciplina castrense. Empero, la mayoría de ellos no están encerrados en alguna prisión, incluidas las civiles o las que operan en instalaciones del Ejército, como la del Campo Militar Número Uno. Estos elementos de tropa, mientras son sometidos a proceso, deben acudir cada semana o cada 15 días a firmar y pasar lista ante la autoridad para garantizar que no van a evadir a la justicia y convertirse automáticamente en desertores.

Me explicó un viejo militar que estuvo adscrito a la Dirección Federal de Seguridad que esos hombres siguen siendo elementos castrenses activos, pero solo en suspensión temporal en tanto dura su proceso y reciben sentencia. De allí el apodo de los Libres, para distinguirlos de los cientos de miles restantes que están encuadrados en la institución castrense y permanecen sujetos a su estricta disciplina. Esos militares tampoco han solicitado su retiro del Ejército y se ubican en una especie de limbo de disponibilidad. Literalmente son como un "ejército de reserva" apto para ser empleado, como en la realidad ocurre mediante arreglos de palabra, sin contratos firmados de por medio, en operativos ilegales.

Se atribuye a viejos militares en retiro el manejo discrecional de los Libres. Están disponibles para ser enviados a labores que han beneficiado durante años a la delincuencia organizada en varios puntos del país. Se trata de un negocio fuera del control oficial, pero no desconocido por los mandos del Ejército. Sus acciones deben ser tan clandestinas que en realidad los Libres se vuelven "invisibles" y de esa manera intencionalmente se pierde la autoría de dichas operaciones, por lo general violentas, al ser ejecutadas por personas que se supone no pueden ni deben abandonar el sitio en el que está registrado su domicilio, su cuartel o su zona militar de adscripción y, por tanto, virtualmente se torna imposible su rastreo.

Es decir, todas las acciones de los Libres terminan por realizarse en forma anónima y en total secrecía. Ellos pueden operar vestidos de civil o con uniformes como si recibieran órdenes del Ejército. Eso sí, para operar, por el tipo de situaciones en las que se les compromete, donde siempre aparece la violencia, indefectiblemente se les dota de armamento de alto poder.

Los Libres se convierten en eficaces paramilitares con experiencia garantizada. Gracias a meses y años de preparación recibida en manejo de armas, en operaciones de comando, en supervivencia, en toma de rehenes y prisioneros, en trabajo de selva y ciudad, en acciones clandestinas, además de tácticas de interrogatorio y tortura, estos grupos poseen una invaluable utilidad para ciertas acciones ofensivas entre grupos de delincuencia organizada que requieren de comandos con altos estándares de entrenamiento.

Estos Libres también suelen ser utilizados para actuar contra la población civil y particularmente atacan a grupos de activistas sociales que resultan incómodos para los megaproyectos trasnacionales, puesto que dichos luchadores sociales suelen oponerse a estas políticas entreguistas, las denuncian públicamente, realizan marchas y plantones, toman instalaciones estratégicas y ejecutan acciones diversas para impedir la ocupación ilegal de territorios por parte de extranjeros o nacionales ajenos a las comunidades.

Mediante este diseño operativo extraoficial, ni siquiera hay necesidad de involucrar al Ejército como institución en operaciones represivas contra la población, las cuales siempre se mantienen convenientemente clandestinas. La paga y las armas utilizadas por estos mercenarios provienen de los cárteles y de los consorcios a los que servirán de manera eficaz e incondicional, acostumbrados como están a obedecer órdenes de sus mandos jerárquicos dentro del estamento militar. Ejecutan crímenes en un contexto de necropolítica.

No hay manera de saber el número de Libres utilizados como paramilitares, la frecuencia, intensidad o alcance de sus acciones, que son por su naturaleza misma ocultas y secretas. A diferencia de Los Zetas, no se trata de militares desertores, sino de soldados y oficiales activos, pertenecientes al Ejército y solamente en receso temporal mientras se resuelve su situación jurídica. Pero, al igual que Los Zetas, recibieron entrenamiento especial dentro de instituciones armadas, sea en México o en el extranjero.

Civiles *viaticados* y militares Libres han sido una fuerza oscura y desconocida para el común de la ciudadanía, pactada en las entrañas corruptas de un sistema al que de esa manera le convenía dar resultados a modo y favorables al concepto de guerra en tiempos de Calderón: mientras más muertos, mejor, porque esas bajas se publicitaban como evidencia del éxito gubernamental. Luego el Gobierno ya se ocuparía de incorporar a las múltiples víctimas inocentes de esa guerra oculta para abultar las estadísticas de la violencia, los asesinatos, las desapariciones y los desplazamientos internos de población, atribuyendo de forma reiterada esos horrores exclusivamente a la delincuencia organizada.

Federales *viaticados* y militares Libres han constituido, en efecto, un cártel impune, una delincuencia organizada pero desde adentro de las filas de las corporaciones militares y policiales, para empatar e ir aliada con la otra delincuencia, la puramente criminal que no devenga un salario oficial. Han sido la quintaesencia del engranaje que permite accionar, en la práctica, las palancas que hacen funcionar a un narcogobierno. Han sido expresión operativa de la necropolítica, porque incluyeron en sus misiones ocultas el asesinato de miles de ciudadanos.

Víctimas inocentes de la guerra

Daños colaterales llamó alguna vez el expresidente Felipe Calderón a las víctimas inocentes de su obsesiva y absurda guerra contra el tráfico de drogas. Se rebasaron límites históricos de violencia, por ejemplo, cuando 35 cuerpos torturados y desnudos fueron arrojados en Boca del Río, Veracruz, el 20 de septiembre de 2011, y otros 26 cadáveres eran tirados junto al Arco del Milenio, en Guadalajara, dos meses después, 24 de noviembre, como supuesta revancha.

Los primeros sacrificados en Veracruz no eran Zetas, como se quiso hacer creer a la opinión pública, ni los de Guadalajara eran Matazetas. Se trataba de ciudadanos jóvenes, la mayoría trabajadores en ambos casos, tomados al azar por la delincuencia, cruelmente torturados y sus cuerpos sin vida presentados falsamente como integrantes de un grupo enemigo.

El gobierno de Calderón se abstuvo de ofrecer, en uno y otro caso, alguna versión diferente a la de los propios supuestos ejecutores, que habrían sido el Cártel Jalisco Nueva

Generación (CJNG, el cual de inicio se autodenominó Los Matazetas) en la masacre de Boca del Río y presuntos Zetas los perpetradores en el caso de la capital tapatía. La autoridad aceptaba acrítica e irresponsablemente la "verdad" que más convenía difundir a los delincuentes, sin desentrañar a fondo ni siquiera la identidad de los muertos. Al final eran solamente eso: cadáveres sin rostro, sin trayectoria o historia de vida, sin nombre o apellido, hombres y mujeres que tuvieron la mala fortuna de toparse con el crimen organizado y recibir el sello oficial de delincuentes que les era colocado con menosprecio por una autoridad omisa e indolente.

Estas más de 60 víctimas expuestas en la vía pública en Veracruz y en Jalisco en 2011 fueron, en realidad, al igual que ocurrió con cientos y miles de cadáveres hallados en fosas clandestinas o mediáticamente expuestos sus cuerpos durante ese mismo sexenio, "falsos positivos" al estilo Colombia, como más adelante explicaremos con detalle.

El colmo de la insensatez descalificadora lo cometió el gobernador Javier Duarte, antes de que se abriera alguna investigación formal. Duarte, años después capturado en el extranjero y puesto en prisión por corrupto, escribía de manera prejuiciada e irresponsable este mensaje de Twitter: "Es lamentable el asesinato de 35 personas, pero lo es más que esas mismas personas hayan escogido dedicarse a extorsionar, secuestrar y matar", deploraba, sentenciaba y condenaba.

La entonces procuradora de la República, Marisela Morales, no le fue a la zaga, porque declaró que la causa del múltiple asesinato fue el narcomenudeo.

Era más fácil denostar públicamente a las víctimas que hurgar en una verdad incómoda, como aquella de que los perpetradores exhibieron tácticas e instrumentos propios del Ejército o policías con entrenamiento para someter y liquidar a casi tres docenas de hombres y mujeres, todos los cuales mostraban en las muñecas atadas por la espalda esos precintos que utilizan las Fuerzas Armadas en Estados Unidos y que solamente se entregan a fuerzas regulares en otros países.

Selectos grupos de *viaticados* federales y de Libres pudieron fácilmente estar detrás de estas masacres, que serían inexplicables si no estuvieran precisamente al servicio del fin último y propagandístico de la guerra de Calderón: a más muertos (exhibidos además con crueldad inaudita), más éxito en tan obsesiva e inútil embestida contra el narcotráfico y la delincuencia organizada.

Había entre los muertos de Boca del Río algunos muy jóvenes, como Fernando Betancourt Vázquez (14 años), Alán Michel Jiménez Velázquez (15 años); Abbi Lisbeth Pauchalen Barrios, de 15, con miles de seguidores en Facebook; Gerardo Trujillo Méndez, de 16; Diana Teresa López Luna, de 16; Susana Sosa Colorado, de 18; Irving Abiud Reyes Cruz, de 20; Juan Martín Pérez Arias, de 21; Ricardo Pacheco Mendoza, de 22; Pablo González López y Jorge Luis Martínez Collins, ambos de 23; Karen Lobos Guevara, de 24.

Algunos habían desaparecido desde la noche del 15 de septiembre, en las fiestas patrias, y hasta una semana previa a que los cadáveres fueran tirados en Boca del Río. Estrangulados o asfixiados unos, con el cuello roto otros, molidos a golpes de palos y tubos en el cuerpo y en la cabeza algunos más, todos mostraban huellas de quemaduras por haber sido encerrados y ejecutados en un vagón de ferrocarril carguero con paredes y piso ardientes, dentro del cual habrían permanecido muchas horas.

Ninguno de los cuerpos presentaba orificios de proyectil de arma de fuego. Parecía que causar la muerte de esos seres humanos tomados al azar en las calles o en sus casas no merecía siquiera el gasto de una bala. Tuvo que acumularlos durante varios días, según todos los indicios, y finalmente liquidarlos un grupo experto, entrenado y capaz de someter a casi tres docenas de secuestrados y asesinarlos con precisión, uno por uno, sin disparar un solo tiro. Para los gobiernos de Veracruz y el federal esos cuerpos tirados en Boca del Río eran menos relevantes que "los nadies" descritos por el uruguayo Eduardo Galeano: "que cuestan menos que la bala que los mata".

El más visible entre los victimados era Iván Cuesta Sánchez, un travesti y transexual que se hacía llamar "Brigitte", de 23 años, famoso entre personajes VIP que lo buscaban en el acostumbrado lugar donde solía contratarse como sexoservidor en la esquina de Juan Pablo II y Framboyanes, a donde llegaba todos los días manejando un Mini Cooper rojo de modelo reciente.

El periódico *Notiver* publicó una lista, con nombres, apellidos y algunos apodos, de 28 de los 35 ejecutados, uno de ellos policía, Joaquín Olivares Gómez. Pero no halló antecedentes delictivos de la gran mayoría de esas víctimas mortales que rápidamente, sin investigación alguna de por medio, habían sido etiquetadas en el argot gubernamental como Zetas.

En Guadalajara se replicó ese mismo esquema de muerte de jóvenes sorprendidos en horas nocturnas, cuando llegaban o se retiraban de sus respectivos trabajos. Tampoco eran delincuentes, ni Matazetas, ni integrantes del Cártel Jalisco Nueva Generación, sino gente de trabajo, como lo evidenciaron los familiares que los iban identificando.

Saúl Emmanuel Mendoza Jasso solo tenía 21 años y era vendedor en Sam's Club. Cuando bebía un refresco enfrente del almacén, junto con su compañero José Guadalupe Buenrostro Calzada, antes de su turno laboral, ambos fueron secuestrados por un comando que iba en dos camionetas, según testigos. El hecho fue informado al gerente de la empresa en ese momento, tres días antes del jueves 24 de noviembre, cuando aparecerían los 26 cadáveres en la vía pública, incluidos estos jóvenes.

También había desaparecido Víctor Andrés Jaime Rivera, de 19 años, luego de salir del local en el que vendía y rentaba videojuegos en un mercado. Era uno entre siete "levantados" que reportó en esos días Fernando Guzmán Pérez Peláez, secretario de Gobierno de Jalisco.

Entre los 26 cadáveres aparecieron el técnico en plásticos Juan Ramón Mora Alonso; el chofer de un camión de mudanzas Juan Pablo Celis Velasco, de 24 años; su hermano Ramón Celis Velasco, de 28, quien era repartidor de pizzas (desaparecieron juntos la noche del 22 de noviembre); José Martínez Guzmán era electricista y tenía 23 años; pintor de brocha gorda, Juan Carlos Ámaton Ávila tenía 23 años; Juan Carlos Andrade Esquivel hacía 16 años vendía hamburguesas en el mismo sitio de donde fue llevado el

23 de noviembre. Un mecánico, Carlos Solís Coronado, fue secuestrado de su taller el día 21. Esa misma noche fueron "levantados" Alejandro Robles Vidal, técnico-dental, y su amigo Édgar Ramón Chávez Martínez, repartidor de la embotelladora Aga. Chofer desde hacía solamente cinco meses, José Antonio Parga Guareño también se esfumó el 22 de noviembre. Octavio Gutiérrez Rodríguez era panadero y se lo llevaron el 21.

El diario *El Informador* halló que cuatro de los muertos tenían antecedentes penales, pero por delitos de poca monta: Luis Sánchez Quezada, Juan Cázares Guzmán, Horacio Oceguera López y Salvador Zuno Barragán.

¿Zetas en Veracruz? ¿Matazetas en Guadalajara? De esa manera absurda y aberrante se construía uno más de los mitos geniales de la guerra de Felipe Calderón, con víctimas inocentes que el Gobierno jamás reconoció como tales, sino que se adhirió a las versiones de cada uno de los grupos delincuenciales supuestamente implicados. Que cada grupo rival reivindicara esos asesinatos con más de 60 cuerpos desnudos exhibidos en la vía pública en dos importantes ciudades mexicanas era el triunfo pírrico y propagandístico de las fuerzas más oscuras dentro del Gobierno. Una evidencia más de que la necropolítica se enseñoreaba en México.

Chihuahua, "Pelotón de la Muerte"

La Tercera Compañía de Infantería No Encuadrada (CINE) cambiaba de nombre y objetivos cuando se le ordenaba actuar en Chihuahua. Era conocida por sus superiores y por la Presidencia de la República como "Pelotón de la Muerte".

Esto ocurría en 2008, durante el Operativo Conjunto Chihuahua, supuestamente diseñado desde la Federación para combatir a la delincuencia organizada en esa región fronteriza. Empero, recibió instrucciones (y las cumplió al pie de la letra) de secuestrar, torturar, asesinar y hacer desaparecer a cientos de personas civiles, traficantes o no, criminales o inocentes. Otra expresión de la necropolítica, pero en el norte del país.

La sede de la CINE se ubicaba en Ojinaga, Chihuahua, a unos 400 kilómetros de Ciudad Juárez, esa "ciudad mártir" en la medida en que fue escenario de todo tipo de experimentos antricrimen, incluida la militarización masiva. Tropas del Ejército llegaron a ocupar Juárez, pero también la capital Chihuahua cuando la estadística apuntaba unos

150 crímenes dolosos por año. Pronto la cifra llegó a 900, a 1 500, a 2 200 y eran 3 300 ejecuciones (más de 20 veces más) en 2011.

Parecía inexplicable que se multiplicara, en vez de disminuir, el ritmo y cantidad de asesinatos que ocurrían en la medida y al tiempo en que se acrecentaba la presencia del Ejército. Ese absurdo exterminio tenía profundas raíces podridas, como la existencia de un "Pelotón de la Muerte", revelado durante investigaciones oficiales y, en particular, por declaraciones del mayor Alejandro Rodas Cobón, cuando estaba en la prisión militar número 5 en Mazatlán en agosto de 2020, al periodista Óscar Balderas.

En conversación grabada, el oficial detalló al reportero que todos los días salían soldados, en un grupo compacto, con instrucciones precisas de exterminar civiles, apropiarse de "botín de guerra" y guardar drogas y armas para "sembrarlas" a sobrevivientes de otras matanzas, a quienes así, en automático, podrían convertir en prisioneros falsamente pertenecientes a la delincuencia organizada.

La gasolina era "materia prima del trabajo", dice como si nada el militar. A la mayoría de las personas se les incineraba con ese combustible después de infligirles torturas prolongadas, según relata el mayor Rodas Cobón, preso en instalaciones militares de Mazatlán, desde 2009 y sin sentencia, acusado precisamente de pertenecer a ese "Pelotón de la Muerte".

Quien daba las órdenes era el presidente Felipe Calderón, se escucha en la grabación. Fue la revista *Emeequis* la que reprodujo estas graves acusaciones. La orden era "dar resultados" a como diera lugar en el combate a la delincuencia organizada. Más muertos equivalía a decir más éxito, según la vigente y perversa ecuación gubernamental de la época.

La denominación "Pelotón de la Muerte" aparece en repetidas ocasiones durante un proceso que llevó a decenas de militares a prisión, la mayor parte de los cuales han sido liberados y otros esperan, más de 14 años después de su encarcelamiento, que se les dicte una sentencia.

Se trata de un caso insólito en el que los propios ministerios públicos y jueces mencionan sin tapujos "Pelotón de la Muerte" como algo cotidiano y corriente y se da un proceso en el que se confunden acusados y acusadores, en el que hay víctimas de violencia, tortura, muerte e incineración ilegales, pero que no culminaba todavía muchos años después con la emisión de una sentencia en tribunales.

Policías federales corrompidos, además de militares Libres convertidos en paramilitares para acciones precisas de represión contra movimientos sociales o sirviendo como ejércitos privados desde una bien cuidada clandestinidad, a lo que han de agregarse pelotones o escuadrones de la muerte cumpliendo órdenes dobles del Gobierno y del crimen organizado, todo un coctel de comandos ejecutores de asesinatos, levantones, desapariciones, torturas y encarcelamientos clandestinos llegó a conformar en años muy recientes, en este siglo, a espaldas de la ciudadanía pero a ciencia y conciencia de las instituciones policiales y castrenses, una especie de establecimiento delincuencial paralelo, dentro y fuera de las instituciones, dispuesto al servicio directo del narcogobierno.

En el ámbito castrense, en una versión mexicana de la "obediencia debida" que alegaron los soldados y los oficiales de bajo rango para cometer atrocidades durante las dictaduras militares del Cono Sur, elementos de tropa y sus jefes inmediatos cometieron aquí allanamientos de morada, detenciones arbitrarias, atacaron a la población civil en sus vehículos, en sus casas o en la vía pública; torturaron, desaparecieron, inhumaron en forma clandestina a sus víctimas, recorriendo una gama de abusos para sus fines personales como apoderarse del llamado "botín de guerra", combinados con propaganda que les permitiera ofrecer a la opinión pública resultados aparentemente positivos de una guerra que, así planteada, les autorizaba todo, hasta el extremo de lo ilegal.

En un contexto como el descrito, de milagro continúa vivo Óscar Alejandro Kabata de Anda, 12 años después de que fue ilegalmente arrestado, sometido a torturas extremas y desaparecido por cinco días por elementos del Ejército a cargo del Operativo Coordinado Chihuahua, en febrero-marzo de 2009. Acusado falsamente de un secuestro, fue testigo de cómo su amigo Víctor Manuel Baca era también sometido a tormentos, pero en su caso a los militares "se les pasó la mano" y lo fueron a tirar después de que fue ejecutado delante de Óscar, que en ese entonces era un adolescente de 17 años.

El general Felipe de Jesús Espitia, director del Operativo Chihuahua, ordenó personalmente liberar a Kabata tras la muerte de su compañero. Reconoció que él y los soldados bajo su mando "se equivocaron", pero le aconsejó irse de Ciudad Juárez, en donde ocurrieron las atrocidades, "para no tener más problemas". Y le ordenó jamás contar lo que les ocurrió a él y a su amigo Víctor Manuel.

Óscar, a pesar de todo, tuvo el valor de presentar la denuncia formal por la tortura y desaparición de que fue objeto, narró los tratos crueles que presenció contra otros detenidos en los días en que permaneció en instalaciones militares, reveló la forma en que fue asesinado su amigo Víctor Manuel Baca y, a partir de entonces, su vida ha sido un infierno. Recibe constantes amenazas de muerte y tiene escoltas federales asignados que no necesariamente garantizan que su vida será respetada.

En cambio, el general Espitia, acusado por Óscar y por otras de sus víctimas, fue relevado del operativo anticrimen en Chihuahua y premiado como coordinador de asesores del Instituto de Seguridad Social para las Fuerzas Armadas Mexicanas (ISSFAM), cargo que aún ejercía durante el gobierno de la Cuarta Transformación. Obviamente nunca fue llamado a cuentas por sus crímenes. Terminó jubilándose con 74 500 pesos mensuales.

El cuerpo de Víctor Manuel fue hallado ocho años después, en 2017, pese a que siempre estuvo en la morgue de Juárez, pero se negó todo ese tiempo la información a sus familiares, quienes acudían cada ocho días a la Fiscalía para preguntar por su hijo desaparecido. Desde octubre de 2009 había sido hallado a la orilla de una brecha. En años recientes se cuentan por miles los cuerpos que han sido enviados a la fosa común sin dar parte a sus familiares en todos los rumbos del país. Era lo que estaba ocurriendo con Víctor Manuel, que tenía 21 años cuando fue victimado por la tropa.

Familiares de las víctimas y ocho organizaciones defensoras de derechos humanos en Chihuahua descubrieron por lo menos 33 casos de violaciones graves y 117 personas torturadas durante el operativo militar. Relacionan en un documento a 232 militares perpetradores, además de 15 médicos que eran comisionados para la reanimación de las víctimas de maltrato. La Corte Penal Internacional recibió ese informe que abarca desde el 27 de marzo de 2008 hasta el 16 de enero de 2010, periodo negro durante el sexenio de Felipe Calderón. Ahí están contenidos los patrones criminales que seguían las tropas al mando del general Espitia, normalmente después de cateos y detenciones sin orden de aprehensión, conducción de víctimas a los cuarteles y práctica consuetudinaria de torturas, violación sexual a hombres y mujeres y eliminación física de muchos de los así capturados por el Ejército.

La ilegalidad continuaba con inhumaciones clandestinas o quema de cuerpos con gasolina, madera y llantas, en casos documentados en Camargo, Guadalupe y Calvo, Juárez, Ojinaga y por toda la geografía chihuahuense.

Para ocultar sus atrocidades, los militares del 9°, 59° y 65° batallones de infantería alteraban pruebas, cambiaban los registros de las detenciones: hora, fecha, lugar. Si la captura se daba en un retén, la colocaban en la vía pública e incluso en supuesta flagrancia delictiva. Sembraban drogas, armas, cartuchos, reportaban falsos ataques o emboscadas contra la autoridad. Todo menos la verdad de las detenciones arbitrarias. Con informantes de la delincuencia, en una geografía y una época en que se confrontaban sicarios del cártel de Sinaloa contra el cártel del Golfo y Los

Zetas a través de sus grupos armados La Línea, Los Linces, Los Artistas Asesinos, Los Mexicles, entre otros, el Ejército atrapaba no solo a gente inocente, sino a los enemigos de quienes los delataban a conveniencia.

Otro caso en Chihuahua, esta vez la noche del 29 de diciembre de 2009, en el poblado de Benito Juárez, municipio de San Buenaventura: Nitzia Paola (joven que sufría una discapacidad, con parálisis lateral izquierda), José Ángel y Rocío Irene Alvarado, primos entre sí, fueron llevados en presencia de sus familiares por soldados uniformados de verde unos y con colores camuflados para desierto varios más que iban en camionetas y autos aparentemente particulares, sin el color verde distintivo de las Fuerzas Armadas. La investigación llevó a identificar una camioneta doble cabina, beige, que la delegación Chihuahua de la Procuraduría General de la República había proporcionado y estaba bajo resguardo del jefe de la Guarnición, el coronel José Elfego Luján Ruiz, acusado de muchas otras desapariciones, torturas y muertes de civiles durante el también llamado Operativo Chihuahua Seguro.

El Gobierno mexicano fue condenado por esta triple desaparición forzada perpetrada por elementos del 35 Batallón de Infantería, en noviembre de 2018, desde la Corte Interamericana de Derechos Humanos, pero no ha cumplido con las recomendaciones de ese organismo continental.

Quedó evidenciado en decenas de declaraciones de soldados y oficiales que miembros del Ejército ingresaban en casas, bodegas, ranchos y comercios y se apoderaban de los bienes que podían llevarse, como vehículos, aparatos electrónicos y algunas armas. Utilizaban lo robado para su propio beneficio, el coronel controlaba la venta de algunos vehículos y cuando se incautaba droga, esas sustancias ilícitas servían para sembrarla a otras personas detenidas y así acusarlas falsamente.

En declaraciones ministeriales de gente bajo el mando del coronel Élfego Luján se acreditó que "el aparato de poder venía actuando en forma desvinculada del derecho y [se pudo] reforzar la imputación en contra del coronel como autor mediato en su carácter de comandante del 35 Batallón de Infantería destacado en Nuevo Casas Grandes, Chihuahua, quien utilizando el aparato estatal de poder se sirvió de él para cometer la detención y posterior desaparición forzada de las víctimas, ocultando dolosamente su paradero", describe el libro *Tres paradigmas de la justicia penal*, escrito por el jurista Salomón Baltazar Samayoa, quien fuera titular de la Unidad Especializada de Búsqueda de Personas Desaparecidas de la Procuraduría General de la República bajo las órdenes del subprocurador Ricardo García Cervantes en 2013.

Por primera vez en México se empleaba la ruta jurídica de imputar responsabilidad a un alto mando del Ejército, a través de una acusación por ser "autor mediato por dominio de una organización estatal", en este caso de las Fuerzas Armadas.

El coronel dirigía un aparato de poder organizado (el 35 Batallón) y "se encontraba en la cúspide más alta, en grado superior y como mando único que ejercía, garantizaba que sus órdenes se cumplieran; por ello actuó como autor mediato con la más alta jerarquía como comandante del Batallón, con dominio del aparato de poder con el que los ejecutores llevaron a cabo la detención y desaparición de las víctimas, ilícito en el que el coronel actuó con dominio objetivo del hecho, mediante una intervención vertical en la desaparición de las víctimas".

El dominio del "autor mediato" se ejerce sobre el aparato y su estructura, dentro de la cual están integrados y cohesionados los militares ejecutores materiales o inmediatos que dominan solo la acción.

El chofer del coronel y más de 20 soldados confesaron que su jefe jerárquico vendió 12 camionetas que habían sido incautadas. Un teniente detalló cómo se le ordenó vender revolvedoras, retroexcavadoras, ponis, borregos y hasta una llama. En el batallón se acumulaban caballos, borregos, muebles, televisores, calentadores, compresoras, salas, sillas y otros enseres domésticos e industriales fruto del más burdo pillaje.

Consta en 22 tomos de investigación y 10 anexos con 11 906 fojas que un comando apodado Los Bélicos, integrado por dos pelotones de fusileros de la tercera compañía, se encargaba de iniciar los allanamientos, para dar una señal de entrada al resto de los militares que ingresaban en forma masiva en los inmuebles. Había también un llamado Grupo de Información, el cual era en realidad un equipo de soldados con adiestramiento en métodos de tortura de detenidos para obtener datos sensibles o para hacerlos confesar delitos que no habían cometido.

En menos de 24 horas el juez negó el arresto del coronel Luján y descartó que estuviese probado que el Ejército cometió las detenciones y desapariciones de los primos Alvarado. En cambio, la Comisión Interamericana de Derechos Humanos dictó medidas de protección para los familiares, decenas de los cuales tuvieron que cambiar su domicilio a los Estados Unidos. Y en noviembre de 2018 la Corte Interamericana de Derechos Humanos decretó la culpabilidad del coronel y subordinados en la triple desaparición y halló al ejército responsable de múltiples violaciones cometidas durante el Operativo Conjunto Chihuahua.

En México un manto de impunidad cubrió todo el tiempo al coronel Élfego Luján.

La Corte Interamericana reafirmó su convicción y recomendó que el mantenimiento del orden público interno y la seguridad ciudadana en México debían estar "primariamente reservados a los cuerpos policiales civiles". Y, en caos excepcionales en que las Fuerzas Armadas intervengan en tareas de seguridad, esa actuación tiene que ser "extraordinaria" (justificada, temporal y restringida a lo estrictamente necesario), "subordinada" (y complementaria a las labores de las corporaciones civiles, sin extender sus labores a facultades propias de instituciones de procuración de justicia o Policía judicial o ministerial), "regulada" (con mecanismos legales y protocolos sobre el uso de la fuerza, bajo principios de excepcionalidad, proporcionalidad y absoluta necesidad), y "fiscalizada" (por órganos civiles competentes, independientes y técnicamente capaces).

La conclusión de esta instancia continental fue que las numerosas víctimas fueron sometidas a procedimientos de tortura institucionalizada porque correspondía, en rigor, "a un acto semejante al de un protocolo".

Más aún, "el 35 Batallón de Infantería de Nuevo Casas Grandes, Chihuahua, construyó su propia expresión de criminalidad en contra de los derechos humanos de la población en general, como si la presunción de que se tratara de delincuentes le concediera el derecho legítimo de eliminarlos", se describe en el libro citado arriba.

Estado, Gobierno, nación

L a denominación "narcoestado" es inexacta y no expresa lo que se quiere decir en realidad:

> Que hubo etapas en la vida pública mexicana en que se consintió, se protegió, se alentó desde las esferas oficiales al tráfico de drogas y la consecuente delincuencia organizada. En todo caso se ha querido significar que hubo permisividad para que operaran, por periodos específicos, administraciones públicas delincuenciales o narcogobiernos.

No debe confundirse Estado con Gobierno. De hecho el Gobierno es solamente una parte del Estado que, en efecto, administra y regula todas las actividades de la vida de un país. Sin embargo, aunque importante, el Gobierno no deja de ser sino una pieza entre las tres que conforman al Estado. Las dos restantes son la población y el territorio.

Para que mejor se entienda, el Estado es atemporal, es inmanente desde su creación, mientras que los gobiernos están al frente del poder durante periodos previstos en la ley.

El Estado goza de autonomía interna, de soberanía, es independiente y posee territorio y sus recursos, cuenta con una población libre y un catálogo de derechos y obligaciones de los que se ha dotado a sí mismo de manera soberana. También es sujeto del derecho internacional público y es reconocido por otros Estados-nación con los cuales mantiene relaciones.

En cambio, el Gobierno se encarga de administrar y dirigir a ese Estado, mediante un conjunto de instituciones e individuos que arribaron al poder mediante una vía prevista por la ley, en un régimen parlamentario o por elecciones universales y secretas. Es parte constitutiva del Estado, junto con la población y el territorio. De hecho, el Gobierno representa al Estado, lo gestiona y dirige por un periodo específico y determinado y tiene la obligación de garantizar la soberanía de ese Estado en manos del pueblo y de su autonomía interna.

La población, otra parte constitutiva del Estado, puede ser grande o pequeña y también diversa en materia cultural, racial o lingüística. México (como España o como Perú) está considerado un Estado plurinacional, porque varias naciones organizadas coexisten dentro del mismo, aunque con pobladores que se rigen por las mismas instituciones y comparten un destino político afín.

Ningún Estado existe como tal si otro toma las decisiones clave por él. Requiere no solamente de autonomía, sino de fuerza para ser capaz de ejercer y defender sus propias decisiones. Lo contrario sería una colonia simplemente o un Estado asociado o alguna otra expresión de dominación de un Estado sobre otro.

Un Estado debe tener instituciones firmes y duraderas para gestionar la vida de sus habitantes en sociedad, contar con autoridades capaces de regirlas y métodos soberanos para decidir quién va a ejercer esa autoridad en su territorio. A esto último se le llama Gobierno y es precisamente el que ejercerá la política y la administración del Estado por un tiempo definido con base en reglas jurídicas, culturales y políticas aceptadas por la población.

Un mexicano de excelencia, el maestro Jesús Silva Herzog padre, en su Tratado sobre economía y Estado, editado por la UNAM, ofrece esta redonda definición:

El Estado es el conjunto de instituciones y organizaciones sociales, económicas y políticas que se han creado históricamente para regular y normar la vida de los individuos, familias, empresas nacionales o extranjeras, que residen en las fronteras de un territorio reconocido como un país.

Estado es, pues, diferente de Gobierno. Desde el punto de vista económico, el Estado a través de un Gobierno puede utilizar la política monetaria, la política fiscal, la política industrial, etc., como instrumentos para influir en la actividad económica: inversión, inflación, empleo, pobreza, con el fin de alcanzar determinados objetivos tanto en el campo económico como en el social. Su influencia no solo reside en el campo macroeconómico, sino también en la esfera de la microeconomía al regular el mercado de trabajo, de bienes, a la empresa, a las prácticas monopolistas, etc., lo cual puede (debe) tener fines de bienestar y crecimiento. Cualquier economía capitalista requiere de la presencia de un Estado y de un Gobierno.

En fin, gobierno proviene de la palabra griega *kubernao*, que quiere decir "pilotar un barco" o "capitán de un barco", refiriéndose a "ejercer el control y la dirección sobre algo". El Gobierno es un elemento esencial del Estado, integrado por aquellas instituciones e individuos a los que el ordenamiento jurídico confía la potestad de organizar, representar y regir al propio Estado.

Pero es importante aclarar, sin rodeos, que Gobierno y Estado, a pesar de su relación, no son lo mismo. Gobierno se nombra al que dirige al Estado por tiempo perentorio (es pasajero), mientras que el Estado permanece en el tiempo.

Las funciones del Gobierno están perfectamente definidas y por ello un narcogobierno subvierte y trasgrede "temporalmente" las siguientes finalidades:

Tendría que hacer prevalecer la ley y el orden en un entorno en el que los ciudadanos puedan ejercer sus libertades; resguardar la soberanía nacional; implementar políticas vinculadas con la seguridad interna dentro de un contexto de respeto al Estado de derecho; amparar la convivencia social a través de la lucha contra el narcotráfico y otras manifestaciones del crimen organizado; disminuir hasta erradicar la corrupción dentro de la administración pública; promover y mantener una política pública que cumpla con los objetivos de redistribución de los recursos y la estabilización social, además de proveer la asignación de funciones y recursos para garantizar la prestación de servicios; aplicar disciplina fiscal, mantener la igualdad posible en el desarrollo de las diferentes regiones de un país; ser garante de la libertad ciudadana de que cada quien pueda ejercer sus derechos culturales, educativos, laborales, mercantiles, de recreación, de tránsito, sexual y reproductiva, de no discriminación, de lugar para vivir y para el desenvolvimiento personal, de acceso a la salud, agua, vivienda, electricidad y demás servicios básicos. Un narcogobierno, pues, envilece todas estas funciones subvirtiendo sus obligaciones más elementales.

Paralelismos Uribe-Calderón

El senador y expresidente de Colombia Álvaro Uribe Vélez fue sometido a prisión domiciliaria a principios de agosto de 2020, por orden de la Corte Suprema de su país. Era el primer exmandatario objeto de una medida tan drástica en Colombia, no obstante que se le consideraba el principal mentor y promotor del entonces presidente Iván Duque.

Uribe Vélez se sumó así a otros expresidentes de países latinoamericanos acusados y juzgados después de haber sido los titulares del poder Ejecutivo en sus respectivas naciones, como Lula da Silva en Brasil y Alberto Fujimori en Perú. El exmandatario colombiano es señalado por dar sobornos y desviar investigaciones en curso respecto de su autoría, protección y promoción, junto con familiares suyos, de grupos de paramilitares de la ultraderecha que habrían cometido infinidad de crímenes en su país.

Viene a colación su caso en la medida en que fue, sin duda, el mandatario latinoamericano más cercano a Felipe Calderón Hinojosa, al grado de que políticas aplicadas en

Colombia fueron adoptadas por el mexicano para su guerra contra el narcotráfico. A instancias y promoción de los Estados Unidos, ambos gobiernos colaboraron estrechamente y desarrollaron esquemas bélicos similares para hacer disminuir la violencia de los grupos criminales en uno y otro país. El resultado fue un estrepitoso fracaso y las buenas intenciones se quedaron solamente en la teoría.

A diferencia de Colombia, en México no se acusa a Felipe Calderón de estar detrás de grupos policiales y militares que habrían actuado, con su anuencia, fuera de la ley, como aquí se ha descrito en las páginas anteriores. En cambio, en Colombia sí se reveló el *modus operandi* de los enjuiciados paramilitares colombianos, a los que Álvaro Uribe consintió, impulsó y financió siendo presidente durante ocho años, pero que igualmente auspició antes y después de su doble mandato.

Resulta muy sugerente que cuando Uribe dejó la presidencia, asesoró a su amigo Felipe Calderón y al ayuntamiento de Ciudad Juárez por un pago cuyo monto nunca se hizo público. Su operador directo, el general Óscar Naranjo, trabajó para el gobierno de Enrique Peña Nieto y estuvo detrás del impulso y entrega de armas a las llamadas autodefensas de Michoacán.

Si aquí Calderón ha sido señalado por consentir y promover un narcogobierno favoreciendo a los más poderosos grupos traficantes, Uribe contribuyó a la polarización de la guerra en Colombia mediante apoyos políticos, ideológicos y económicos (junto con empresarios, Fuerzas Armadas y terratenientes) a grupos ultraderechistas de paramilitares que ejercían con impunidad acciones de contraguerrilla y de limpieza social en nombre y con aquiescencia de su gobierno.

Ambos presidentes apuntalaban y exhibían el supuesto triunfo de sus políticas antinarco (en el caso colombiano hay que agregar la lucha contrainsurgente y en el caso mexicano la represión y liquidación de toda protesta social), mostrando obsesivamente cada vez más elevadas cifras de muertes y desapariciones. Esa expresión de la necropolítica, para los fines de sus respectivas administraciones, se esgrimía como prueba irrefutable del éxito de las estrategias de guerra puestas en marcha.

Para los fines de sus políticas de seguridad, ni a Felipe Calderón ni a Álvaro Uribe bastaban las acciones criminales de los cárteles mexicanos y de los grupos traficantes y guerrilla colombianos. La inseguridad y la violencia extrema no son exclusividad de la criminalidad organizada: los dos gobiernos contribuyeron con cuotas importantes que aportaban sus fuerzas armadas y sus policías, sus paramilitares permitidos y sus "pelotones de la muerte" en el incremento de las cifras de civiles asesinados, la desaparición de muchos miles de ciudadanos y el desplazamiento de comunidades enteras acosadas por todo tipo de agresiones.

Crear terror también era parte del quehacer gubernamental. En México, tal como hemos descrito páginas atrás, lo hacían tanto sus policías federales y locales obedientes al narco, como la Marina y el Ejército a través de grupos especiales que tenían permiso para matar, de manera clandestina como los Libres o de forma institucional como el "Pelotón de la Muerte" de Ojinaga y Ciudad Juárez. Eran la expresión fáctica de la aplicación de la necropolítica en el funcionamiento de los gobiernos.

En Colombia directamente se alentó y se premió a militares que mataban a jóvenes recogidos en barriadas citadinas o en el campo, de manera más o menos azarosa, para luego disfrazarlos con uniforme y botas de guerrilleros, colocarles armas en las manos y así registrarlos oficialmente como enemigos caídos en acción.

Ya en 2011, en mi libro *Levantones, narcofosas y falsos positivos*, señalaba el paralelismo entre las políticas exhibidas por los gobiernos de Uribe y Calderón para mostrar ante la sociedad y ante la comunidad internacional los supuestos éxitos de sus respectivas guerras internas.

El método colombiano de los "falsos positivos" fue calcado por el Ejército mexicano en el caso de dos estudiantes del Tecnológico de Monterrey abatidos cuando salían del campus universitario en marzo de 2010.

Los soldados perpetradores se encargaron de poner armas en las manos de Javier Arredondo y Jorge Mercado después de muertos, cambiar los cuerpos de posición y sembrar cartuchos de alto calibre, además de mentir abiertamente diciendo primero que los jóvenes eran delincuentes y después que murieron en medio de "fuego cruzado". En la práctica la tropa alteró toda evidencia para así hacerlos parecer falsamente como quienes habían disparado antes en contra de los uniformados.

Nueve años después el Gobierno mexicano tuvo que reconocer la culpabilidad de los militares, quienes hicieron uso excesivo de la fuerza. Se admitió oficialmente que hubo manipulación de los hechos y siembra de evidencias en el doble asesinato de jóvenes que eran estudiantes de excelencia y a los que se pretendió describir como delincuentes y agresores armados, para terminar ubicándolos como simples "víctimas colaterales".

El de los jóvenes del Tecnológico es solamente un caso paradigmático de abuso militar, pero sobran ejemplos de diversas actuaciones criminales de las Fuerzas Armadas. Algunos casos ni siquiera llegaron a un juez o fueron recogidos por algún medio de comunicación. Citaremos aquí solamente tres ejemplos emblemáticos:

1) Empezaba junio de 2007 y la familia Esparza Galaviz bajaba en dos vehículos por La Joya, en Sinaloa de Leyva, para acudir a un funeral, cuando sin aviso previo fue atacada a balazos y con granadas de fragmentación por soldados del 24 Regimiento de Caballería Motorizado, quienes ingerían bebidas alcohólicas y se drogaban en un retén carretero. Murieron por las armas de fuego dos mujeres: Alicia Esparza Parra, de 17 años, y Griselda Galaviz Barraza, de 25, al igual que los hijos de ésta, Joniel, Griselda y Juana, de 7, 4 y 2 años de edad. Hubo también tres lesionados de bala. Tres oficiales y 16 elementos de tropa fueron culpados de la absurda agresión a familiares inermes.

2) Los pequeños Martín y Bryan Almanza Salazar, de 9 y 5 años de edad, murieron acribillados cuando viajaban con la familia a vacacionar a playas de Matamoros, Tamaulipas, en abril de 2010, y fueron atacados por militares cerca de Ciudad Mier. Iban

13 adultos y niños en una camioneta cuando un grupo de soldados les dio el paso, pero fueron atacados al trasponer el retén por otros uniformados que disparaban y les lanzaban granadas. Se quiso presentar el caso como "fuego cruzado" con criminales, versión fuera de toda realidad, concluyó la Comisión Nacional de los Derechos Humanos.

3) Primero la Marina mintió y dijo que no había disparado desde un helicóptero. Cuando peritos confirmaron que el vehículo con seis civiles dentro tenía perforaciones en el techo y varios impactos más de arriba hacia abajo, tuvo que reconocer que el auto en el que morirían una mujer y dos de sus hijos, además de haber herido al padre y conductor y a otra de las ocupantes, entonces los marinos reconocieron que el auto "se colocó circunstancialmente en la línea de fuego" cuando intercambiaban disparos contra un grupo de delincuentes que empleaban barret 50 y otras armas para intentar derribar la aeronave. Esto ocurría en marzo de 2018.

Las granadas de Morelia

C omo ejemplo acabado del permiso para matar, de perversión oficializada, símbolo de impunidad y sin consecuencia alguna para quienes fraguaron ataques a civiles desde el poder, está el episodio gravísimo conocido como "las granadas de Morelia", ocurrido el 15 de septiembre de 2008, casi a la medianoche, cuando todos los mexicanos celebran el Grito de la Independencia, réplica del que lanzó el cura Miguel Hidalgo convocando a la lucha armada contra la colonia española en 1810.

En medio de una muchedumbre reunida en la plaza principal de Morelia, capital del estado de Michoacán, manos desconocidas lanzaron granadas de fragmentación que dejaron al menos a ocho personas muertas (hay quienes afirman que fueron más del doble) y 130 heridas y mutiladas. Los gobiernos federal y estatal y Tony Garza, embajador de Estados Unidos entonces, se apresuraron a decir que esa noche se inauguró en México el "narcoterrorismo".

Algo sumamente extraño ocurrió entonces. La versión oficial indica que las autoridades fueron a localizar a tres presuntos culpables del atentado en una casa de la ciudad de Apatzingán en donde ya se encontraban atadas y torturadas, según le habría avisado el grupo criminal La Familia Michoacana al Gobierno. Quien se encargó de cumplir con la información-orden de los delincuentes fue un viejo y contumaz represor, el general Mario Arturo Acosta Chaparro, quien para entonces prestaba sus servicios personalmente al presidente de la República, Felipe Calderón Hinojosa.

Vale la pena recordar que Acosta Chaparro, al igual que el también general Francisco Quirós Hermosillo, fueron acusados y juzgados en un tribunal castrense por haber prestado servicios corruptos al capo del narcotráfico Amado Carrillo Fuentes, conocido como el Señor de los Cielos porque tenía flotillas de aviones, incluidos viejos jets 727, en los que trasegaba cocaína desde Sudamérica hacia distintos puntos de la República mexicana.

Ese tribunal, que sesionó el en Campo Militar Número 1, junto a la Ciudad de México, en el año 2001, declaró culpables de esta corrupción y cobertura al tráfico de drogas a los dos generales, quienes fueron condenados a prisión por 16 años. Quirós moriría de cáncer en la cárcel militar, pero Acosta Chaparro, con la conveniente ayuda del presidente Calderón, obtuvo un amparo y salió en libertad tras cumplir solamente seis años de la sentencia.

Acosta Chaparro y Quirós fueron también jefes de la criminal Brigada Blanca que combatió a sangre y fuego, con todas las agravantes de la ilegalidad, a la incipiente guerrilla mexicana en los años setenta del siglo pasado. Acosta pasó automáticamente de la cárcel militar en la que había sido recluido a la casa presidencial de Los Pinos para ser una especie de embajador plenipotenciario del mandatario en turno para negociar en su nombre con los capos de todos los cárteles de la droga: Sinaloa, Tijuana, Golfo, Zetas, Familia Michoacana, Juárez, Caballeros Templarios en primer lugar, para supuestamente exigirles frenar la creciente violencia que se había apoderado del país. Las pláticas fueron secretas y, por tanto, se ignora qué otros acuerdos y de qué índole fueron consensados entre el Gobierno y el narco.

Al general Acosta, acusado junto con Quirós de haber perpetrado los "vuelos de la muerte", operados desde Pie de la Cuesta, en Guerrero, de 1974 a 1981, en un avión Arava israelí para arrojar a guerrilleros al mar, vivos o muertos y con lastre atado a los cuerpos para que nunca salieran a flote, se le restituyeron sus grados, fue condecorado y se le cubrió una millonaria indemnización por los años en que estuvo preso.

En esa condición de todopoderoso representante del presidente, presentó a tres mecánicos y trabajadores de la construcción como integrantes de Los Zetas y formalmente los acusó de haber lanzado las granadas de Morelia. La verdad es que, durante varios días con sus noches, Alfredo Rosas Elicea, Julio César Mondragón Mendoza y Juan Carlos Castro Galeana fueron terriblemente torturados hasta que confesaron el ataque a la multitud y aparecieron ante las cámaras de televisión en todo el país diciendo, con absurdos e ignorantes ademanes, cómo es que arrojaron las granadas.

Eran tiempos en los que a la Policía Federal, a los agentes ministeriales, al Ejército y la Marina se les permitía exhibir ante la prensa, la radio y la televisión a presuntos delincuentes como en un espectáculo, antes de ser siquiera llevados frente a un agente del Ministerio Público o un juez. De esa forma eran ya juzgados en el tribunal de la propaganda en los medios masivos de comunicación. Se trataba de un show cotidiano en el que ni siquiera se cuidaban detalles tan comprometedores como las huellas evidentes de torturas. Por ejemplo, Rosas Elicea vestía una bata azul de hospital y tenía cinco costillas rotas, pero eso no importaba demasiado: ya la ciudadanía se iría acostumbrando a este tipo de escenas mediáticas en las que se mostraba la imagen de personas torturadas sin que la gente se cuestionase los métodos arbitrarios empleados.

En mi libro *Las historias más negras de narco, impunidad y corrupción*, publicado en 2009, sostuve que esos tres individuos eran inocentes y que se encontraban en otra ciudad, Lázaro Cárdenas, a 400 kilómetros de distancia de Morelia, a la hora en que alguien más arrojaba las granadas.

El tiempo me dio la razón y los tres salieron en libertad siete años después por orden de un tribunal. No hubo manera de probar que ellos hubiesen estado físicamente presentes esa noche en la capital de Michoacán. El inventor de esa culpabilidad, el general Acosta Chaparro, sería asesinado por sicarios que iban en una motocicleta, en abril de 2012, mientras aguardaba a que le hicieran una compostura a su Mercedes Benz en un taller mecánico de la popular colonia Anáhuac de la Ciudad de México.

Otro contraste: los tres agentes federales de investigación encargados de la confusa captura de los falsos culpables de arrojar las granadas de Morelia (maniatados previamente por la delincuencia y puestos en Apatzingán, según se difundió tal mentira, aunque en realidad fueron secuestrados en Lázaro Cárdenas), aparecieron ellos mismos presos años después en la cárcel de Tepic, bajo acusaciones de delincuencia organizada (José Martín Zarza Escamilla, Ignacio Moreno Aguilar y Armando Javier Rojo Aguilar) y además una de dos testigos protegidos que acusaron a los tres terroristas inventados (Adriana Treviño Barrera) apareció asesinada y su cuerpo en las afueras de Río Bravo, Tamaulipas, frontera con Texas, Estados Unidos. Había que borrar toda huella y evitar que fuera descubierta alguna vez tan disparatada invención oficial.

Conforme pasa el tiempo, el asunto se enreda todavía más. Aquí se da el caso insólito de que ya ninguna autoridad o juez tiene a alguien detenido o señalado como posible culpable de uno de los actos terroristas que más conmocionó a México. Los ocho muertos y 130 heridos fueron causados por alguien o algunos que no existen oficial ni extraoficialmente para el Gobierno mexicano, ni presos ni en libertad. Ya no hay a quién juzgar, porque la invención de culpables dejó sin alternativa a la autoridad y no hay otros que aparezcan en actas. Pero los lisiados y las familias de los fallecidos son reales y continuaban tratando, más de 15 años después, de que se les incorporase por lo menos a alguna lista de la Comisión Ejecutiva de Atención a Víctimas (CEAV).

A no ser que ese ataque a la multitud (y he ahí la terrible sospecha) haya sido un acto ordenado desde la propia autoridad para poder hablar de "narcoterrorismo" y llenar así todos los requisitos de un Estado fallido, transmitiendo la imagen de un gobierno acosado por las fuerzas más oscuras a las que habría que derrotar con todos los medios a su alcance, los legales y los que se permiten fuera de la ley, los oficiales y los que deben reservarse en un absoluto secreto de Estado, cuya gestación en algún recinto gubernamental y sus consecuentes órdenes explícitas jamás llegarán a saberse.

Hay indicios que abren rendijas a la sospecha de un autoatentado criminal, en épocas en que todo parecía permitirse y ofrendarse en el altar de una declarada lucha contra el narcotráfico: desde la negociación con los capos de la droga (sin capturar a uno solo de ellos aunque se hubieran reunido con altos funcionarios, incluyendo al presidente de la República), hasta la fabricación de escenarios apocalípticos para desde allí justificar cualquier acción violenta del Estado. Otra vez la necropolítica en su apogeo.

En la guerra todo se vale, dicen algunos. El discurso presidencial mezcló reminiscencias de las divisiones históricas del pasado entre los mexicanos (las cuales propiciaron ataques e invasiones desde el extranjero) con el ataque terrorista de Morelia y con protestas pacíficas de la oposición que aquella noche se escenificaban en la capital del país. Todo cabía en el mismo saco:

Se puede discrepar, pero no deliberadamente dividir y enconar. Se puede opinar distinto en la libertad que nos han heredado nuestros próceres, en el marco de libertad que el propio Estado garantiza, pero no se puede atentar contra el Estado mismo.

En esa revoltura de acciones, el mensaje era único, con acentos patrióticos:

Frente a los enemigos no daremos ni un paso atrás. Ni nos arrebatarán la Patria de nuestros hijos ni prevalecerá la perversidad de quienes siembran el miedo con tal de proteger sus miserables intereses.

El discurso del presidente Calderón tenía 33 párrafos en los que mencionaba hasta en 16 ocasiones la palabra *unidad* y conjugaciones del verbo *unir*; los antagónicos *dividir* y *divididos* se repetían de manera obsesiva. Lo que no quedó claro, en la práctica, fue el por qué su gobierno tuvo necesidad de recurrir a la invención de culpables, con premeditación evidente, con lo cual impidió que se llegara a dilucidar quiénes y por qué estuvieron detrás de semejante acción criminal en contra de una multitud pacífica. El gobierno de Calderón supo de esta patraña y consintió una falsa acusación siendo consciente de que eran otros los culpables. ¿Quiénes? Tal vez nunca lo sabremos con certeza porque cobraban en nóminas gubernamentales.

La parte oficial culpó todo el tiempo a Los Zetas, un grupo criminal que nació integrado por militares de élite que decidieron desertar y ponerse al servicio del cártel del Golfo en épocas en que lo lideraba Osiel Cárdenas Guillén (llamado el Mata Amigos), hoy preso y condenado en Estados Unidos después de que México lo entregó en extradición.

Sin embargo, por haber lanzado las granadas jamás hubo un detenido de ese grupo de exmilitares, cuyos líderes eran para la época Heriberto Lazcano Lazcano, el Lazca, abatido en 2012 en Tamaulipas, y Jorge Eduardo Sánchez Costilla, el Coss, extraditado a Estados Unidos. Ambos se mencionaban en legajos de la investigación, pero no se ordenó persecución alguna en su contra por haber dado esa supuesta orden terrorista contra una multitud.

Las granadas de Morelia, se afirma en el expediente, habrían sido parte de un lote de 100 robadas a un destacamento militar de la ciudad de Iguala, en Guerrero. Según revelaciones públicas del abogado Raúl Espinosa de los Monteros, quien a la postre lograría la libertad de los falsamente acusados, la Policía de Michoacán habría capturado a los verdaderos autores materiales de la masacre, esa misma noche, pero una orden superior obligó a dejarlos en libertad porque no convenía que se supiera una verdad incómoda, la de un gobierno criminal.

Fue el general Mario Arturo Acosta Chaparro quien armó todo el caso "por encargo de la Presidencia de la República y de la Secretaría de la Defensa Nacional", acusó el abogado Espinosa. Acosta lo hizo en acuerdo cómplice con el cártel de La Familia Michoacana.

Este asunto, que en su momento cimbró al país por sus secuelas de propaganda enfocada a mostrarlo como un ataque "narcoterrorista", se convirtió finalmente en un acabado ejemplo de la necropolítica. Aquí no importaron las vidas perdidas o las graves lesiones que sufrieron varias decenas de víctimas, algunas con invalidez permanente, sino que se priorizó una fabricación de hechos violentos diseñada por el Gobierno contra una multitud inerme, para después manipular los "granadazos" en aras de alentar desde el discurso oficial una guerra absurda, porque al final no produjo la disminución del poderío de las organizaciones criminales, sino solo una violencia ciega escalando a niveles demenciales. En las fiestas patrias de 2008 en Morelia ocurrió una tragedia masiva sin que haya años después, inexplicablemente, en la cárcel o ante los jueces, un solo culpable real del ataque.

Juicio a expresidentes

Exactamente 12 años después del ataque en Morelia, el 15 de septiembre de 2020, el presidente de centro izquierda Andrés Manuel López Obrador solicitaba al Senado realizar una consulta popular para poder juzgar por crímenes y corrupción a cinco expresidentes de México que estuvieron en el poder 30 años, de 1988 a 2018: Carlos Salinas de Gortari, Ernesto Zedillo Ponce de León, Vicente Fox Quezada, Felipe Calderón Hinojosa y Enrique Peña Nieto.

En el caso específico de Calderón, el texto enviado al Senado expresa:

> Desde el inicio de su sexenio, Felipe Calderón Hinojosa embarcó al país en una estrategia militar supuestamente orientada a "combatir el narcotráfico", que exacerbó la violencia y multiplicó las zonas del territorio nacional bajo control de las bandas delictivas, pese a las innumerables y conocidas advertencias de que tal política habría de resultar contraproducente y terriblemente costosa para México.

Lo más grave: colaboradores suyos y periodistas independientes le señalaron los indicios de que su secretario de Seguridad Pública, Genaro García Luna, era cómplice de una de las facciones del narcotráfico, pero el gobernante no hizo nada. A la luz de la detención y el enjuiciamiento de García Luna en Estados Unidos, la actitud de Calderón solo puede explicarse como fruto de una extremada irresponsabilidad o de complicidad activa o pasiva con la delincuencia organizada.

Esta complicidad se evidenció en el atentado terrorista en Morelia, una de las principales cuentas pendientes de su gobierno, por las que debería responder, y jamás lo ha hecho, a la sociedad mexicana. La verdad sigue oculta hasta ahora.

En cambio, en Colombia, el exmandatario Álvaro Uribe es investigado por presunto fraude y soborno de testigos en un proceso en el que ha sido acusado de crear, con algunos de sus familiares, grupos paramilitares de ultraderecha para combatir a las viejas guerrillas izquierdistas como las Fuerzas Armadas Revolucionarias de Colombia (FARC) y el Ejército de Liberación Nacional (ELN), pero más recientemente se le señaló por intentar entorpecer las investigaciones en su contra mediante maniobras ilegales y entregas de sobornos.

Centro de polémicas, ave de tempestades, Uribe gobernó Colombia durante dos cuatrienios, entre 2002 y 2010. Su llamada política de seguridad democrática encubría un accionar criminal de las Autodefensas Unidas de Colombia en contra de la guerrilla, pero también en contra de poblaciones enteras sospechosas de apoyar a los subversivos.

Fue responsable, además, de alentar a las Fuerzas Armadas, durante su doble mandato, a ofrecer a como diera lugar resultados en la guerra contra la subversión, generando lo que en Colombia se llamó "falsos positivos", civiles inocentes que eran secuestrados, liquidados extrajudicialmente y luego presentados como bajas en la guerra contrainsurgente, a cambio de recompensas monetarias, ascensos en el escalafón castrense, días de asueto, viajes fuera del país para elementos de tropa y obtención de similares beneficios para las policías.

Como parte de la polarización que la prisión domiciliaria de Uribe Vélez era capaz de provocar en el país, estaba la declaración del propio expresidente Luque:

Duele como colombiano que muchos de los que han lacerado al país con barbarie se defiendan en libertad o, inclusive, tengan garantizado jamás ir a prisión, y que a un servidor público ejemplar, que ha ocupado la más alta dignidad del Estado, no se le permita defenderse en libertad con la presunción de inocencia.

Soborno y fraude, los delitos por los cuales Uribe y el congresista Álvaro Hernán Prada estaban acusados, se castigan en Colombia hasta con 12 años de cárcel.

Uribe acusaba en 2012 al senador izquierdista Iván Cepeda de estar al frente de un complot para vincularlo falsamente a los escuadrones paramilitares y que esto lo hacía visitando en las cárceles a exintegrantes de esos grupos violentos para convencerlos de hacerle estas imputaciones fantasiosas.

Pero ya en 2018, los tribunales concluyeron que Cepeda había recopilado información como parte de su trabajo y que nunca había pagado ni presionado a exparamilitares. Por el contrario, la investigación pudo hallar indicios firmes de cómo Uribe sí ordenó presionar a testigos a través de terceros, con el fin de sacudirse imputaciones de estar detrás de la violencia ultraderechista que cobró miles de muertes violentas. Eso se catalogó también como obstrucción a la justicia.

Al ser recluido en su domicilio Álvaro Uribe, el partido Centro Democrático perdió a su controversial e indiscutido líder en el Congreso, en momentos en que el presidente Iván Duque Márquez buscaba promover reformas económicas y sociales que pretendían aminorar los estragos de la pandemia del coronavirus.

Cómo Genaro García Luna
servía a Sinaloa

Un subprocurador de la República dio los pormenores de cómo elementos activos de la AFI ya servían al cártel de Sinaloa desde mediados de 2005, por lo menos.

José Luis Santiago Vasconcelos era llamado el Zar Antidrogas mexicano. El hombre fue objeto de al menos dos atentados frustrados después de esas revelaciones y finalmente perdió la vida junto con el secretario de Gobernación Juan Camilo Mouriño y 14 personas más cuando la aeronave en que los dos altos funcionarios llegaban de San Luis Potosí a la Ciudad de México se precipitó en la zona residencial de Lomas de Chapultepec el 4 de noviembre de 2008.

Casi tres años antes, en diciembre de 2005, admitió ante los medios de comunicación que agentes federales corruptos se encargaron de capturar a cuatro sicarios del grupo Los Zetas, en Acapulco, para entregarlos directamente al cártel de Sinaloa, hechos ocurridos el 15 de mayo de 2005.

El exmilitar Juan Miguel Vizcarra y sus compañeros Sergio Alberto Ramón Escamilla, Andrés Tamariz y Édgar Eduardo Ortiz Paredes habían llegado de Tamaulipas al puerto de Acapulco con la encomienda de secuestrar a miembros del grupo Sinaloa, sus enemigos. Pero antes de cumplir su encomienda, ellos mismos fueron capturados por policías federales y llevados a una casa de seguridad de Edgar Valdés Villarreal, la Barbie, uno de los jefes de la plaza de Guerrero.

"Traidores" llamó Santiago Vasconcelos a los afis cómplices del cártel de Sinaloa, cuando el periódico *The Dallas Morning News* dio a conocer el primer video con violencia explícita difundido en México, aquel en el que cuatro hombres golpeados, con visibles huellas de tortura, son interrogados por la Barbie y al final Vizcarra recibe un tiro en la sien izquierda.

Aunque filmado el 16 de mayo, el video fue exhibido públicamente hasta el mes de diciembre. Los cuatro sicarios de Los Zetas, al ser interrogados por la Barbie, según se confirmó días después, involucraban al propio Santiago Vasconcelos y a otros funcionarios mexicanos como protectores de narcotraficantes.

Por lo menos ocho agentes, cuyo jefe era Genaro García Luna, fueron detenidos en aquel año 2005, aunque pronto recuperaron su libertad pese a ser acusados de servir a una organización del narcotráfico. Todo parece indicar que no actuaron solamente para la captura de los exmilitares, sino también en aplicar crueles tormentos a esos zetas y finalmente también en la videofilmación de la macabra escena en que Vizcarra es ejecutado ante cámaras. Aunque la escena se interrumpe en cuanto le disparan el tiro de gracia a Vizcarra, los cuatro fueron liquidados, pues días después fueron hallados los cuerpos de los tres cautivos restantes.

Quien pese al involucramiento de sus agentes en el asesinato de los cuatro zetas se mantuvo actuante e impune en su puesto al frente de la AFI fue García Luna. Tanto así, que a la semana siguiente de la transmisión del videocrimen ofreció a la opinión pública el más famoso de todos sus shows mediáticos: la detención falsamente *in fraganti* de la francesa Florence Cassez Crépin y su exnovio Israel Vallarta Cisneros, transmitida por las televisoras Televisa y TV Azteca el 9 de diciembre, como si fuera una captura "en vivo", cuando la pareja estaba en manos de la AFI desde el día anterior.

En la práctica, este conveniente espectáculo de una joven y guapa francesa acusada de secuestradora sirvió de distracción para evitar que creciera el escándalo de los agentes involucrados en la captura y asesinato de los cuatro zetas. Ya un grupo numeroso de federales actuaba incondicionalmente al servicio del narco de Sinaloa, se demostró en ese episodio que, en un gobierno que se respetase un poco (eran tiempos de Vicente Fox), debería haber conducido a la destitución del director de la AFI. Un escándalo se armó para tapar otro escándalo de corrupción mucho más grave.

Tuvieron que transcurrir 14 años para que García Luna fuese finalmente detenido y acusado de recibir sobornos del cártel de Sinaloa. Pero no fue imputado ni capturado por alguna autoridad en su propio país, México, sino investigado y señalado por agencias de inteligencia de los Estados Unidos, que lo mantienen preso desde diciembre de 2019 como un muy importante cómplice corrupto de una "empresa criminal continua" y al que se le atribuye haber participado activamente y propiciado el trasiego de cocaína a través de la frontera norte mexicana hacia Estados Unidos. El episodio de Los Zetas en Acapulco no hizo sino corroborar que desde 2005, por lo menos, la AFI prestaba servicios cómplices al cártel de Sinaloa. Al final triunfó la impunidad.

En el contexto de lo que aquí traigo a la memoria, ninguno de los altos mandos de la AFI fue siquiera investigado, como si esos agentes y su delegado en Guerrero se mandaran solos y no reportaran a la dirección de esa agencia, que fundó y encabezó Genaro García Luna cuando era procurador el general Rafael Macedo de la Concha y que, en 2005, bajo su nuevo titular Daniel Cabeza de Vaca, seguía siendo la corporación policial operativa de la Procuraduría General de la República.

Como una ironía del destino o parte de las costumbres de la simulación de un país, en pleno estallido del narcovideo con ejecución de zetas y una semana después de la arbitraria detención de Florence e Israel, ese procurador Cabeza de Vaca (que luego sería asesor jurídico de la Presidencia de la República al servicio de Vicente Fox Quezada) firmaba el acuerdo A/217/05, por el que expedía el "Código de Conducta" de la PGR, que justificaba con frases grandilocuentes como esta: "Se requiere de servidores públicos debidamente capacitados, con un sólido código de ética y orientados a prestar servicios de calidad que respondan a las necesidades de la sociedad" (ni la burla perdonaba).

Se sabe que la Barbie, no solamente con doble nacionalidad, estadounidense y mexicana, sino con doble personalidad encubierta, era al mismo tiempo relevante operador del tráfico de drogas al servicio del cártel mexicano de Sinaloa, mientras que trabajaba como agente de la DEA. Si algún personaje del narcotráfico sabe y puede aportar más pormenores de los servicios que Genaro García Luna —el jefe sucesivo de dos corporaciones policiacas federales en México en dos gobiernos del Partido Acción Nacional—, brindaba al poderoso cártel de Sinaloa, ese es la Barbie.

Edgar Valdés Villarreal, de hecho, es el líder traficante que ha revelado de manera explícita, desde hace varios años, cómo el presidente Felipe Calderón Hinojosa, su secretario de Gobernación Juan Camilo Mouriño, su jefe de Policía Genaro García Luna y varios de sus mandos más allegados, así como el general Mario Arturo Acosta Chaparro, entre otros relevantes funcionarios de la administración pública, negociaron con todos los capos del narcotráfico en el país; se reunieron con ellos e intentaron asignarles plazas exclusivas a cada uno y tenerlos bajo control oficial.

En noviembre de 2012 la Barbie hizo llegar, a través de su abogada Eréndira Joselyn Guerra, una carta al diario *Reforma* en la cual acusaba a Genaro García Luna y a otros funcionarios de la Secretaría de Seguridad Pública federal, como Luis Cárdenas Palomino, Ramón Pequeño García y Armando Espinosa de Benito, entre otros, de recibir dinero de narcotraficantes, él mismo incluido, para que les proporcionaran a cambio "protección" con el fin de no ser detenidos ni perseguidos.

En facsímil de la carta firmada por Edgar Valdés Villarreal, dada a conocer y resguardada por la periodista Anabel Hernández, la Barbie revela los servicios corruptos que prestaba Genaro García Luna desde tres años antes del episodio de los afis en Guerrero, desde 2002. El capo de la droga y agente encubierto escribió textualmente: "Cuando menos desde el año 2002, primero en la AFI y luego en la PFP, me consta que [el poderoso jefe policial] ha recibido dinero de mí, del narcotráfico y la delincuencia organizada, al igual que un grupo selecto" de sus jefes cercanos.

Los nefastos antecedentes de García Luna fueron tema durante la discusión de la Iniciativa Mérida, en 2008, entre los gobiernos de México y los Estados Unidos, asegura la carta de la Barbie, capturado en 2010 en México y después entregado al Gobierno de Estados Unidos, donde fue condenado a 49 años de prisión, pero es posible que la pena disminuya en razón de informaciones que este capo ofrezca dentro del juicio al exjefe de Policía mexicano. Escribió la Barbie que los policías federales intentaron asesinarlo cuando lo capturaron en una residencia en el Estado de México.

Un reporte de la Policía desmintió las acusaciones de que el Gobierno protegiera al cártel de Sinaloa en la época y aseguró que la corporación habría detenido "a 128 242 presuntos delincuentes", entre ellos 3 474 "altos mandos" de las organizaciones criminales (¿era posible que hubiera tantos altos mandos?). Mientras la Barbie se decía perseguido por el Gobierno por no acatar las instrucciones presidenciales de afiliarse a un grupo específico de traficantes, el de los Beltrán Leyva.

Fue mentira que la Barbie haya sido capturado en la carretera México-Toluca con una supuesta escolta o convoy el 30 de agosto de 2010, reveló también el mismo capo, pues ni siquiera conocía a uno solo de siete detenidos que se dijo oficialmente iban con él como escoltas y quienes, a pesar de su inocencia, permanecieron años en la cárcel. Un video que fue difundido meses después confirma que Valdés fue sometido él solo en su rancho. Pero a Felipe Calderón le cayó como un regalo el montaje de la captura de la Barbie en horas previas a que rindiera su cuarto informe de gobierno y aprovechó para ensalzar ese "triunfo" de su administración sobre un capo de la delincuencia organizada, no importa que se haya redondeado ese "logro" con un aderezo novelesco para consumo de los medios de información.

Raíces en la guerra sucia

No es aventurado concluir que, durante los gobiernos federales panistas, se revivieron prácticas criminales desde el poder que habían sido cotidianas, autorizadas y nunca castigadas en la época conocida como "guerra sucia" en México (1965-1990).

Eran tiempos aquellos en los que a las acciones de grupos opositores, consideradas ilegales y subversivas lo mismo si eran armadas que si se expresaban en protestas masivas pacíficas, las administraciones priistas en turno las combatían con métodos extremos y fuera de la ley, con grupos represivos que, dependientes del erario y de cada uno de los gobiernos, actuaban como clandestinos.

Se trataba de una suerte de paramilitarismo que en ocasiones no hacía pública su estructura ni aparecía formalmente reconocida en los organigramas del mando oficial, pero siempre contaba con escuadrones reales y operativos. Brigada Blanca, Batallón Olimpia, los Halcones, la Brigada Especial, los Boinas Negras y los Jaguares, Pelotones de la Muerte, entre varios otros grupos operaron durante décadas con cargo al erario y por ello eran responsabilidad de las sucesivas administraciones, a las cuales tenían el deber de reportar sus acciones, por muy clandestinas que fueran para la sociedad.

A este paramilitarismo del pasado priista, no simplemente consentido y tolerado como algo que surge y actúa por generación espontánea, sino específicamente diseñado, propiciado y mantenido desde la esfera gubernamental, fueron incorporados cientos y miles de agentes policiales y militares, todos en diversas nóminas gubernamentales. Muchos de estos últimos vestían de civil para no ser reconocidos, actuando en redadas, cateos, allanamientos de morada, espionaje telefónico y físico, ataques a manifestantes, seguimientos personales, infiltración en grupos universitarios considerados subversivos, en sindicatos y organizaciones campesinas e indígenas.

Estos grupos irregulares capturaban a cientos de personas sin orden de juez o Ministerio Público, encerraban disidentes en casas de seguridad y cárceles clandestinas, perpetraban tortura y muerte o desaparición forzada como destino final de la mayoría de estos declarados "enemigos" del sistema. Fueron muy pocos los ciudadanos ilegalmente capturados por comandos armados (había menores de edad, mujeres y ancianos también) que alguna vez llegaron a ser entregados ante una autoridad competente o fueron recluidos en alguna cárcel conocida. Se trataba de una represión brutal que buscaba el aniquilamiento de toda disidencia sin importar los métodos para cumplir ese objetivo: ejecuciones extrajudiciales y desaparición de personas fueron métodos cotidianos, pero esas acciones casi siempre se cometieron en la más hermética clandestinidad, sin dejar huellas del paradero de las víctimas.

Han sido histórica e irrefutablemente investigadas y documentadas las acciones criminales de los Halcones el 10 de junio de 1971, del Batallón Olimpia durante la masacre estudiantil del 2 de octubre de 1968 en Tlatelolco, de la Brigada Blanca operante desde la Dirección Federal de Seguridad y desde instalaciones castrenses del Campo Militar Número Uno y otras sedes del Ejército en Guerrero, Jalisco, Nuevo León, Estado de México y varios sitios más del país, durante la llamada "guerra sucia" que abarcó desde los años sesenta y hasta casi seis lustros después. Física y documentalmente ha sido corroborada la existencia de cárceles clandestinas y centros de tortura en oficinas policiales e instalaciones militares, de donde desaparecieron miles de personas señaladas (con razón o sin ella) como radicales opositoras a los gobiernos priistas durante décadas.

Pero el *modus operandi* de este paramilitarismo represor quedó expuesto por primera vez, con todos sus macabros detalles, en seis audiencias consecutivas celebradas en marzo de 1988 en Montreal, Canadá, en donde el Gobierno mexicano fue objeto de examen internacional. Se trataba de decidir sobre la solicitud de refugio del soldado desertor del Ejército mexicano Zacarías Osorio Cruz, quien alegaba que obligarlo a regresar a su país era condenarlo a una muerte segura.

Y es que las atrocidades que describió este militar, cometidas por él mismo, por sus compañeros y sus jefes de la Brigada de Fusileros Paracaidistas a finales de los setenta y principios de los ochenta conmovieron de tal manera al tribunal, que terminó concediendo el refugio solicitado en Canadá. La transcripción textual de los interrogatorios a Zacarías Osorio Cruz y sus respuestas están contenidas en el libro *Obligado a matar: Fusilamiento de civiles en México*, editado por *Proceso* en 1993. Los interrogadores son el fiscal Gary Blachford y el abogado defensor Stewart Istvanffy.

Osorio Cruz nació en Castillo de Teayo, en Veracruz, cursó la instrucción primaria, tuvo trabajos de albañil y otros de corte agrícola, hasta que a los 21 años ingresó al Ejército, en donde permaneció en el Campo Militar Número Uno de 1977 a 1982. Cumplió su sueño y aprendió a lanzarse en paracaídas desde aviones y helicópteros. Su eficacia, su buen comportamiento y discreción, sin embargo, empujaron a sus superiores no a condecorarlo o ascenderlo en el escalafón, sino que lo comisionaran en un grupo especial al que se encargaban misiones criminales oficiales, pero siempre clandestinas.

Como asistente del mayor Eduardo Bonifaz Sánchez y por órdenes del general José Hernández Toledo, el soldado Zacarías Osorio Cruz viajó durante meses a diferentes ciudades en varios estados de la República, en ocasiones para hacer demostraciones de fuerza en grupo, pero sobre todo a recoger a personas "que ya estaban listas, preparadas" por militares de cada lugar, maniatadas y con la cabeza cubierta para que no pudieran ser identificadas por quienes las recibían ni ellas ver a sus captores. Así eran trasladados estos rehenes a la capital del país y metidos en celdas de la prisión del Campo Militar Número Uno.

Esos prisioneros tapados y siempre anónimos eran transportados en aviones, helicópteros o por carretera y podían ser grupos de ocho, 10, 15 y hasta más de 25 personas en cada ocasión.

Posteriormente se emitían órdenes, siempre por escrito y en sobres cerrados que solo podía abrir el comandante general de la Brigada de Fusileros Paracaidistas, para otro tipo de traslados de personas, a las que ahora había que sacar, también tapadas de la cabeza y con las manos esposadas, de la prisión militar del Campo Militar Número Uno, en Naucalpan, para ser llevadas a un campo de tiro que la Secretaría de la Defensa Nacional tenía en San Miguel de los Jagüeyes, cerca de Tepeji del Río, en la carretera México-Querétaro. En las listas solo aparecían números pero no había nombres. Los encargados de la cárcel, pertenecientes a la Policía Judicial Militar, ya sabían quiénes eran los "paquetes" cada vez y los tenían listos para su entrega.

Allí la labor de Zacarías Osorio Cruz y otros militares comisionados especiales era brutalmente directa: fusilaban a esas personas encapuchadas sin mayor trámite. Quedaban los cuerpos deshechos, irreconocibles, explicaba Osorio, aunque quienes disparaban no se detenían a recoger los cadáveres. Se utilizaban armas largas con proyectiles 7.62 milímetros "y los magazines cargaban 20 rondas". Si acaso en algunas ocasiones les quitaban las esposas a los fusilados para volverlas a utilizar.

Otros militares se encargarían de retirar los cuerpos inertes y deshacerse de ellos, posiblemente lanzándolos a las profundas lumbreras con aspas que vertían agua y desechos al cercano río Tula. Al soldado Osorio Cruz le tocó cumplir la terrible encomienda de los fusilamientos en varias ocasiones, siempre en horario nocturno. A los pobladores de las comunidades cercanas no les llamaba la atención que sonaran los disparos a cualquier hora, puesto que se trataba justamente de un campo de tiro.

Un destino mortal alternativo, utilizado muchas veces para la liquidación de civiles anónimos, era un campo de tiro similar junto a las pirámides de San Juan Teotihuacán, Estado de México. El militar desertor, según su propia experiencia, menciona más a San Miguel de los Jagüeyes, porque allí estuvo en reiteradas ocasiones.

Osorio Cruz no supo contabilizar cuántas veces fue que llevó de algún lugar del interior del país hasta la prisión del Campo Militar Número Uno a personas encapuchadas ni aquellas ocasiones en las que se le giró la orden de extraer de la prisión a grupos de civiles rumbo al fusilamiento en los campos de tiro. Podrían haber sido más de 20 ocasiones, pero lo más terrible del asunto que revelaba en Canadá era que el suyo no era el único equipo militar obligado a cumplir esas labores de exterminio de personas a las que los perpetradores físicos nunca podían ver sus rostros. Muchos de esos cuerpos anónimos podrían ser parte de las listas de víctimas de detención-desaparición forzada que durante décadas incansablemente han buscado sus familiares. Pero eso probablemente jamás podrá llegar a saberse a ciencia cierta, a no ser que algún día historiadores, periodistas o expertos en guerra sucia tengan acceso a las listas de la muerte elaboradas dentro de la Sedena y que hayan ido a parar a algún archivo civil o militar.

Al soldado mexicano que terminó refugiado en Canadá le giraron órdenes de ir por personas a los estados de Guerrero, Chiapas, Baja California, Querétaro, Sinaloa, Tamaulipas, Nuevo León, Veracruz, entre otros lugares que pudo recordar. Sus jefes, además de Bonifaz y Hernández Toledo, eran el general Edmar Euroza Delgado, el coronel Delfino Palmerín Cordero, el teniente coronel Jorge Lazo de la Vega y otro comandante llamado Rubén Arrieta Hurtado. Los tenientes Rubén Darío Zumún Durán y Adán Avendaño Torres, el capitán Miguel Ramírez Hernández y Eusebio Segura Chávez son nombres de militares mexicanos que se escucharon durante las audiencias.

Los desaparecidos y asesinados se contaron por varios miles en el periodo de la llamada guerra sucia en México. En el tribunal canadiense de Montreal se hizo público de qué manera terminaron su vida cientos de ellos frente a un pelotón de fusilamiento en un país en el que la pena de muerte está abolida en su carta magna.

Zacarías Osorio Cruz es el primer militar mexicano que describe con detalle las ejecuciones extrajudiciales de civiles, en las que él mismo participó, en dos campos de tiro del Ejército. Fue el primero también en describir cómo él y otros soldados recibían órdenes para recoger grupos de personas que le eran entregadas con las manos esposadas y con la cabeza cubierta en varios lugares de la República, con el exclusivo fin de llevar a toda esa gente a la prisión del Campo Militar Número Uno, en las afueras de la Ciudad de México. De allí salían, igualmente anónimos, para ser pasados por las armas.

En la época referida en su narración en Montreal, Canadá, ese *modus operandi* criminal era practicado durante el gobierno de José López Portillo, pues Zacarías estuvo en el Ejército de 1977 a 1982, años en que se desarrollaba la guerra sucia. A él no le consta, pero las investigaciones históricas sobre ese negro periodo mexicano (1965 a 1990 por lo menos) confirman que la liquidación de opositores era una de las estrategias de los gobiernos, antes y después de esas fechas en que a Zacarías le correspondió cumplir órdenes para los consabidos traslados de disidentes que habían sido condenados, sin juicio de por medio, a ser presos, torturados, fusilados y desaparecidos.

Arturo Durazo Moreno, amigo de la infancia de López Portillo, fue nombrado por ese presidente de la República director general de Policía y Tránsito del Distrito Federal (1976-1982). La corporación se llamaba entonces Dirección de Investigaciones para la Prevención de la Delincuencia (DIPD), por lo que sus miembros eran apodados por la opinión pública y la prensa como "dipos", corporación que cobijaba a su propio servicio secreto y a grupos de élite como los Jaguares, ligados a la llamada Brigada Especial o Brigada Blanca, grupo paramilitar dependiente tanto de los mandos civiles de la Dirección Federal de Seguridad (Secretaría de Gobernación) como de los mandos castrenses que despachaban en el Campo Militar Número Uno, entre ellos Francisco Humberto Quirós Hermosillo y Mario Arturo Acosta Chaparro, quienes, siendo generales, años después serían enviados a prisión, a principios del sexenio de Vicente Fox Quesada, por sus nexos corruptos con el grupo narcotraficante de Amado Carrillo Fuentes, apodado el Señor de los Cielos.

Por la relevancia del personaje Durazo Moreno, impuesto como general del Ejército por su amigo López Portillo e incluso nombrado *doctor honoris causa*, sin haber cursado carrera alguna, en una vergonzosa ceremonia pública encabezada por quien fuera presidente de la Suprema Corte de Justicia de la Nación, Alfonso Guzmán Neyra, cobra la máxima gravedad el episodio narrado por el desertor Zacarías Osorio Cruz de cómo este poderoso jefe policiaco (después del presidente, era el hombre que mandaba en México, se llegó a decir en la época) envió al matadero a por lo menos una docena de sus propios colaboradores y jefes, quienes habían descubierto operaciones ilícitas del policía-general consentido del sexenio.

Como ya se describió antes, los grupos de individuos que terminarían sus vidas fusilados por el Ejército eran anónimos, de personas encapuchadas a quienes se asignaban solo números y se les metía en celdas en espera de su liquidación física, según especificó el militar desertor que luchaba por conseguir asilo en Canadá, a donde ingresó ilegalmente por temor a ser asesinado en México, su propio país, por lo mucho que supo, que vio y operó él mismo en torno a la eliminación de disidentes por parte de las Fuerzas Armadas.

De todas maneras, durante el largo interrogatorio al exmilitar mexicano, el abogado defensor de su caso, Stewart Istvanffy, experto en temas migratorios, le soltó estas preguntas:

—¿Tiene usted alguna idea de la identidad de algunas de las personas que pasaron por la prisión militar? [antes de ser ejecutadas].

"Bueno, sí señor. Usted sabe, cuando cambiaron al general de la Policía, su nombre era [Arturo] Durazo Moreno y su ayudante en jefe [Francisco] Sahagún Baca".

—¿Qué pasó cuando hubo el cambio en la Dirección de la Policía?

"Se descubrieron algunos fraudes que hicieron o fueron la responsabilidad de la Policía civil".

—¿Era Durazo el jefe de la Policía?

"En el Distrito Federal y era el director general de una organización [sic] que se llamaba Dirección de Prevención de la Delincuencia. Las personas que estaban bajo sus órdenes, incluyendo sus guardaespaldas y el jefe de ese organismo para la Prevención de la Delincuencia, que no estaban contentos con él, [por los ilícitos que cometía] podían haber declarado en contra suya. Llevaron a toda esta gente al Campo Militar Número Uno y puedo decirle que no volvieron a ver la luz del día".

—¿De manera que los guardaespaldas del jefe de la Policía del Distrito Federal y algunos oficiales de la Policía, de la Dirección de Prevención de la Delincuencia, también pasaron por la prisión militar en su camino a la muerte?

"Sí, señor. Porque las autoridades y los altos jefes hablan entre ellos y, cuando hay alguien que puede traerles problemas, lo platican entre ellos y mandan a alguien para que los capturen para hacerlos desaparecer. Es de suma importancia que no se permita a esta gente hacer públicos los hechos, tras el fraude descubierto en el que estaba involucrado Durazo".

—¿Cómo fue que se enteró de que esta gente eran los guardaespaldas de Durazo o que tenían relación con la DIPD?

"Es poco común que una patrulla civil [de la Policía en este caso] entre al Campo Militar, a menos que lleven un pase especial y también es poco común que lleguen hasta la prisión militar. No puedo decirle cuántos eran porque no fuimos nosotros los que fuimos por ellos. De hecho, no nos los entregaron a nosotros; fueron entregados directamente a la prisión militar. Lo que sí puedo decir es que estas personas desaparecieron y nadie sabe dónde fueron a parar. Ni yo lo sé. Supe que los llevaron a San Miguel de los Jagüeyes, pero yo no participé en esto".

Itsvanffy le preguntó a Zacarías Osorio Cruz si hubo algún otro incidente en el que estuvieran involucrados oficiales de Policía o gente que trabajaba en alguna corporación y que hubiesen sido llevados a la prisión militar. El exsoldado narró entonces que, en otra ocasión, un grupo de hombres que pertenecieron a la Policía Judicial Federal Militar y estaban comisionados en el Cuerpo de Granaderos —sin poder precisar fecha exacta— participaron en protestas en contra de esa corporación y esos disidentes también fueron llevados al Campo Militar Número Uno para que no hablaran en contra de sus jefes o los delataran.

En el resto de los traslados de personas encapuchadas, en los que participaba el propio Zacarías, las órdenes llegaban por escrito en sobres cerrados, provenientes de la Secretaría de la Defensa, ya fuera a la Segunda Sección de la Fuerza Aérea o personalmente al director de la Fuerza Aérea del Ejército. Eran recibidas en el Cuartel General de la Brigada de Paracaidistas y el general Edmar Euroza Delgado abría el sobre y llamaba al capitán Miguel Ramírez, quien a su vez convocaba al teniente Rubén Darío Zumún Durán y a los soldados y oficiales que debían llevar a cabo los traslados y las ejecuciones sumarias, según fuera el caso y de acuerdo con las órdenes escritas.

Para los grupos de quienes iban a ser fusilados, los ejecutores llevaban un sobre con un papel firmado que se entregaba al personal de guardia. El teniente Rubén Darío o el capitán Miguel Ramírez leían los números de las celdas, "porque era importante que no se dijeran nombres". Los que iban a ser llevados a San Miguel de los Jagüeyes o a Teotihuacán "ya estaban preparados". El destino era único y siempre el mismo: un pelotón de fusilamiento.

Críticos al matadero

Por este largo juicio en Montreal, Canadá, celebrado en marzo de 1988 ante el juez Paul Arsenault, del Tribunal de Apelaciones del Departamento de Inmigración y con participación del fiscal Gary Blachford, se sabe ahora que la represión en los años setenta y ochenta del siglo pasado hizo víctimas no solamente a los opositores guerrilleros al régimen, sino a disidentes pacíficos, a policías y a militares que protestaban contra las instituciones corruptas e incluso a bandas delincuenciales locales y extranjeras que primero fueron explotadas por la Policía capitalina en provecho de sus jefes.

Este último fue el caso de la "matanza de Tula", cuando 20 colombianos fueron capturados por orden de Arturo Durazo Moreno, encerrados en Santa Martha Acatitla, excarcelados durante las noches para cometer atracos y, al final, 12 de ellos y el chofer mexicano que los guiaba serían asesinados y arrojados desde un colector de aguas negras que iba del Distrito Federal hacia el río Tula, pasando justamente por las lumbreras cercanas al campo de tiro de San Miguel de los Jagüeyes, vecino de Tepeji del Río.

Los cadáveres de más de una docena de ellos —otros ocho colombianos habían negociado su libertad a cambio de entregar millones de pesos en efectivo, joyas y otros objetos producto de sus botines a los policías corruptos— salieron a flote a partir del 14 de enero de 1982. Fueron víctimas del propio Durazo y de Sahagún Baca, según las pesquisas que terminaron por desvelar la verdad de ese asesinato múltiple por razones que tenían que ver con delincuencia pura y no con disidencias políticas.

Claro que en la época Sahagún Baca y José Antonio Zorrilla Pérez (entonces procurador de Hidalgo y preso años más tarde como autor intelectual del asesinato del periodista Manuel Buendía) se lanzaron a especular en los medios de comunicación, para desviar las investigaciones, que los muertos eran "guerrilleros extranjeros" sacrificados en territorio mexicano por opositores violentos. "No se va a permitir que las diferencias ideológicas de individuos sudamericanos se diriman en México y menos a base de homicidios brutales", declaró Sahagún.

La mentira era redonda y sin embargo exhibía dosis de verdad, puesto que en las mismas fechas de finales de los setenta y principios de los ochenta el Gobierno y sus corporaciones policiales y militares tenían autorización, que emplearon activa y cotidianamente, para deshacerse de guerrilleros mexicanos con los métodos más extremos, en muchas ocasiones culpando a los propios luchadores sociales de eliminarse entre ellos mismos por cuestiones ideológicas precisamente.

Después de escuchar, en seis largas sesiones consecutivas, tan sangrientos testimonios por parte del militar mexicano Zacarías Osorio, confeso de haber sido perpetrador él mismo de los más horrendos crímenes descritos, el tribunal canadiense (Tribunal de Apelaciones del Departamento de Inmigración) determinó por unanimidad que el exsoldado desertor debería ser aceptado y acogido en Canadá como un "refugiado político". Antes de emitir su veredicto final, el juez hizo estas reflexiones:

Habiendo escuchado a los testigos y examinado la evidencia documental, el Tribunal acreditó el hecho de que el solicitante, con la base de su origen, entrenamiento y labores, era un miembro de un grupo social constituido por el Ejército mexicano. Al desertar del Ejército y decir al mundo, como nadie lo ha hecho anteriormente, las atrocidades cometidas por agentes del Gobierno mexicano, el señor Zacarías Osorio Cruz ha roto su juramento de obediencia y se ha convertido en un traidor a los ojos de algunas autoridades mexicanas por expresar su fuerte desacuerdo político. No hay duda de que el peor castigo reservado para prisioneros políticos le esperaría, en caso de regresar a México. Estos son los fundamentos de su miedo.

Durante la audiencia, se estableció que el solicitante perteneció al Ejército mexicano, que era miembro de una unidad especial de comando cuya misión era ejecutar a presos políticos, que decidió no participar más en esas ejecuciones después de platicar con el teniente Torres, quien lo persuadió de regresar a la escuela, y que esta decisión coincide con un despertar de su conciencia política y moral que resultó en un análisis de conciencia.

Su negación para seguir participando en más actos criminales puede ser considerada la expresión de una voluntad política. Bajo estas circunstancias, el hecho de que haya cometido crímenes horrendos, no debe ser determinante para que se le otorgue o no la condición de refugiado.

Después de darse cuenta en aquello que estaba involucrado, el solicitante tuvo la iniciativa para ser transferido a otras labores, pero fue en vano. Traumatizado por la desaparición de sus amigos (y copartícipes obligados a cometer crímenes, muy posiblemente asesinados después ellos mismos), decidió desertar del Ejército y abandonar el país.

Grupo Sangre

La existencia de un escuadrón de militares y expolicías al que se bautizó gráficamente como Grupo Sangre, cuyo objeto era capturar, torturar y asesinar a ciudadanos supuestamente simpatizantes o cercanos a la guerrilla de Lucio Cabañas en Guerrero, en los años setenta, ha sido indubitable y fehacientemente documentada. Desde las entrañas mismas del aparato represivo de alcance nacional cobijado en la Dirección Federal de Seguridad (DFS), se elaboró un informe que daba pormenores de la forma torcida, ultraviolenta de operar del Grupo Sangre, por órdenes primero de la 27 Zona Militar en Guerrero y después del gobernador Rubén Figueroa Figueroa, siempre comandado por el capitán del Ejército Francisco Javier Barquín.

Da cuenta de la presencia y operación de este comando mortal un reporte confidencial de junio de 1974 firmado por Luis de la Barreda Moreno, entonces titular de la Dirección Federal de Seguridad. Este reconocimiento oficial apareció en archivos de la DFS. El sello más atroz que distinguía al grupo entre el vasto océano autoritario de la época, era que torturaba a sus víctimas para intentar obtener información sobre la guerrilla y, al final del tormento, obligaba a los retenidos a beber gasolina y luego les prendía fuego, según han documentado tanto la Fiscalía para Delitos del Pasado (FEMOSPP, con su kilométrico nombre: Fiscalía Especial para la Investigación de Hechos Probablemente Constitutivos de Delitos Cometidos por Servidores Públicos en contra de Personas Vinculadas con Movimientos Sociales y Políticos del Pasado, vigente de 2001 a 2006) como la Comisión de la Verdad (Comverdad) creada por el Congreso de Guerrero y que entregó formalmente sus conclusiones en octubre de 2014.

Esto escribía Luis de la Barreda, en documento que fue desclasificado y, por tanto, puede consultarse en el Archivo General de la Nación:

> Tanto en el puerto de Acapulco, como en poblaciones cercanas al mismo y en diferentes lugares (de Guerrero) han venido apareciendo cuerpos sin vida de personas no identificadas. Los cadáveres presentan impactos de arma de fuego, señales de haber sido torturados y desfiguraciones en el rostro y otras partes del cuerpo, producidas por quemaduras.

La DFS, en forma por demás discreta —escribía su director—, ha logrado saber que los cuerpos encontrados pertenecen a personas conectadas con Lucio Cabañas y su gente, que han sido aprehendidas". Es decir, eran ciudadanos ya capturados por la autoridad e inermes y, sin embargo, torturados hasta el extremo y liquidados de manera extrajudicial, sin que sus familiares hayan sido enterados jamás del paradero de esta gente que estuvo en manos oficiales, por lo cual durante décadas han estado en las listas de los desaparecidos políticos.

Para mayor claridad, el informe de la DFS asegura que las detenciones se ejecutaban "por órdenes expresas del comandante de la 27 Zona Militar, general de División DEM (Diplomado de Estado Mayor) Salvador Rangel Medina. Después de obtener por diferentes medios (las más terribles torturas, dicho de una manera más específica) toda la información posible sobre Lucio Cabañas y su gente, se les da (a tomar) gasolina y se les prende fuego; posteriormente se les abandona en lugares solitarios, en donde aparecen con las desfiguraciones provocadas por las llamas y presentando impactos de fuego".

Era realmente insólito este informe de la DFS, que siendo ni más ni menos que el órgano represivo actuante desde la Secretaría de Gobernación en todo el país, señalaba a la más alta institución militar enfocando sus afanes a la tortura y a la eliminación drástica de mexicanos. Luis de la Barreda Moreno, en ese mismo reporte, describía la contrariedad de los pobladores de las comunidades guerrerenses por la presencia en el estado "del teniente coronel de Infantería DEM Francisco Quirós Hermosillo, comandante del 20 Batallón de la Policía Militar, a quien (los campesinos) ya conocen y culpan de las ejecuciones".

Los campesinos no se equivocaban de persona, pero sí de grupo y objetivo de ese militar. Les faltaba además mencionar al entonces capitán Mario Arturo Acosta Chaparro, pareja represiva inseparable de Quirós Hermosillo durante muchos años. Lo más probable es que, eliminando su nombre, en la práctica la DFS encubría y protegía en su reporte al capitán Acosta Chaparro. Un tercer represor a ultranza era Francisco Javier Barquín, capitán en los tiempos del Grupo Sangre y mayor del Ejército cuando se encargó, al lado de Acosta Chaparro y Quirós Hermosillo, de asesinar, subir a un avión a presuntos guerrilleros y tirarlos al mar. Otro general con relevante actuación en la aniquilación de guerrilleros fue Salvador Rangel Medina, quien fuera a mitades de los setenta jefe de la 27 Zona Militar en Guerrero.

Los vuelos de la muerte

S iendo generales, Acosta Chaparra y Quirós Hermosillo fueron acusados décadas después, en 2001, por tráfico de drogas y por proteger, mediante sobornos, al Señor de los Cielos, Amado Carrillo Fuentes. Y formalmente se les reconoció como responsables directos de organizar "los vuelos de la muerte", consistentes en arrojar al mar desde un avión israelí marca Arava a supuestos partícipes o simpatizantes de la guerrilla en los años setenta, delito de lesa humanidad por el que nunca fueron castigados, pese a que una concienzuda investigación del propio Ejército confirmó esos crímenes, sin lugar a dudas, al interrogar a pilotos y mecánicos participantes.

Pudieron haber sido más de 1 500 los lanzados al mar, según afirmó el oficial de inteligencia de la Policía Militar Gustavo Tarín durante el juicio castrense que decidió enviar a la cárcel a los generales Quirós Hermosillo (quien moriría en la prisión militar sin llegar a cumplir 16 años de sentencia) y Acosta Chaparro (liberado tras seis años de cárcel y enseguida contratado por Felipe Calderón Hinojosa como su asesor en Los Pinos, desde donde pactó reuniones y negociación con todos los capos del narcotráfico en México en nombre de quien fue presidente de la República entre 2006 y 2012).

La Comisión de la Verdad de Guerrero encontró, mientras revisaba expedientes militares de aquel proceso, un seguimiento puntual de las actividades de profesores, alumnos y empleados de varias facultades de la Universidad Autónoma de Guerrero, pero también se pudo corroborar cómo eran espiados jóvenes de las universidades de Guanajuato, Durango, Jalisco y Michoacán, por lo menos.

A la cárcel ubicada en las oficinas de Policía y Tránsito de Acapulco se le llamaba Metro (igual denominación que a la prisión subterránea que operaba en el Campo Militar Número Uno en las afueras de la Ciudad de México) y por allí pasaron supuestos guerrilleros de Acapulco, Tierra Colorada, Chilpancingo, Marquelia, Iguala, Zihuatanejo, Villa Unión, Petatlán, Papanoa, El Papayo, San Marcos, Atoyac, Cruz Grande, entre otros poblados guerrerenses, se asienta en papeles oficiales. También llegaron al lugar otros "subversivos" trasladados por el Gobierno desde Oaxaca, Puebla, Tlaxcala, Hidalgo, Ciudad de México, Nuevo León, Chihuahua y otros estados del país.

A los detenidos se les hacía creer que podían ser amnistiados si aportaban información que fuera relevante para la Policía y el Ejército. Ya sea confesos o sin soltar un solo dato o nombre de compañeros pese a las torturas, luego la mayor parte sería trasladada, con ataduras en las muñecas y vendas en los ojos, a la base militar de Pie de la

Cuesta, cerca de Acapulco, en donde esperaban turno para ser subidos a un avión Arava israelí, diseñado para despegue y aterrizaje en campos cortos y en difíciles condiciones, según la empresa que los fabricaba desde los sesenta.

Antes de meterlos al avión los individuos eran sentados "en el banquito de los acusados", una vieja banca de madera, donde creían que iban a ser fotografiados. En realidad allí la mayoría solamente recibían el tiro de gracia en la nuca con una pistola calibre .380 bautizada como "la espada justiciera", que tenía silenciador. Luego se les colocaba una bolsa de plástico en la cabeza para que no se regara demasiado la sangre y se les metía en costales en donde varias piedras hacían de lastre para que los cuerpos no flotaran, sobre todo después que se avisó a los militares que algunos cadáveres habían estado apareciendo en costas de Oaxaca.

La Secretaría de la Defensa investigó esos vuelos de la muerte mientras Acosta Chaparro y Quirós Hermosillo eran procesados en el Campo Militar Número Uno, interrogó a todos los oficiales involucrados (excepto uno, David Carlos González Gómez, quien habría huido a Suecia con una mujer originaria de aquel país), inspeccionó la pista aérea de Pie de la Cuesta, en Guerrero, revisó minuciosamente el avión Arava empleado (Primero número 2004 y luego remarcado 2005), obtuvo las bitácoras de los vuelos que hacía (exclusivamente de madrugada) rumbo al mar abierto, reconstruyó la manera en que eran colocados los cuerpos en el piso del avión para comprobar cuántos cabían, trazó mapas y dibujos de instalaciones donde se acumulaba a los presos políticos que serían arrojados al mar sin haber sido escuchados en juicio jamás (un galerón denominado bungalow). Todo lo documentó minuciosamente el Ministerio Público Militar sin que se haya llegado a judicializar esa práctica de asesinar a supuestos guerrilleros y arrojar sus cadáveres desde el aire sobre el mar, por cierto pionera y anterior a operaciones similares en Chile y Argentina, pues los vuelos de la muerte ocurrían en México ya en 1974, mientras en Sudamérica se iniciaron en 1976.

Todo lo anterior está contenido en 32 tomos y 4 352 páginas de texto y fotografías. Parte del material era analizado por la Comisión para el Acceso a la Verdad, Esclarecimiento Histórico e Impulso a la Justicia de Violaciones Graves a Derechos Humanos Cometidas entre 1965 y 1990.

Peritajes, interrogatorios, visitas a Guerrero, fotografías, mapas, fueron practicados durante el tiempo en que fue secretario de la Defensa Nacional el general Gerardo Clemente Ricardo Vega García y presidente de la República Vicente Fox Quesada cuando se investigó a los generales Quirós Hermosillo y Acosta Chaparro por homicidio calificado contra un número indeterminado de mexicanos.

La causa penal 152/2003 se radicó en el Juzgado Cuarto Militar adscrito a la Primera Región Militar y los procesados por homicidio calificado fueron los generales Quirós Hermosillo y Acosta Chaparro Escápite y el mayor de Infantería retirado Francisco Javier Barquín Alonso. Actuaron como jueces el general de división y licenciado Domingo Arturo Sosa Muñoz; el mayor y licenciado Jorge Moreno Quirós; el capitán primero Eleazar Ramírez Espíndola era agente del Ministerio Público Militar y los tenientes Fernando Carlos Fernández Pérez y Francisco Pineda Muños defensores públicos; el abogado Mariano de Jesús Flores Arciniega era defensor particular.

"El trabajo de nosotros era para transportar a los guerrilleros que detenía y mataba el personal que se encontraba al mando del general Quirós Hermosillo, para ser tirados al mar", declaraba el 20 de junio de 2001 el mecánico de aviación Margarito Monroy Candia y enlistaba al teniente piloto aviador Jorge Violante Fonseca, al capitán piloto David Carlos González Gómez, a otro apodado la Tripa y a un subteniente Antero como los encargados de subir los cuerpos al avión. "Me ordenaron que quitara la puerta lateral derecha del avión" para facilitar la labor de arrojar los cadáveres al mar.

En el primer vuelo iban los generales Acosta y Hermosillo y dos oficiales más a los que Monroy Candia no identificó, pero que seguirían presentes en los siguientes vuelos del Arava. "Que ahí estaba bien", le ordenaban al piloto David, quien disminuyó la velocidad e hizo descender el avión para que los militares lanzaran los cadáveres al mar. "Enseguida se le ordenó regresar a Pie de la Cuesta".

Las salidas subsiguientes, con aproximadamente ocho cuerpos cada vez, eran casi siempre a las tres de la madrugada. El Arava volaba mar adentro una hora y retornaba a las cinco, antes de que amaneciera, a la base aérea número 7. Narró que no vio a quien disparaba, pero el general Quirós vestía camiseta blanca y apareció con ella bañada de sangre. Acosta Chaparro, por su parte, pudo haber ejecutado personalmente a unos 200 presuntos guerrilleros cuando se les sentaba para tomarles supuestamente una fotografía.

Con el tiempo un olor fétido inundaba el avión, por lo que se le puso una lona que se lavaba y era colocada otra vez en el piso. "Sucedió que en las primeras ocasiones en que tirábamos los cuerpos de las personas tal cual alguien comentó que algunos de los cadáveres aparecieron en las costas de Oaxaca, por lo que se empezó a meter los cuerpos en costales de ixtle y, para que no flotaran, les ponían piedras adentro".

Participaron como pilotos, además de David y Violante, Roberto Bernardo Huicochea Alonso, Federico Torres Prado y Apolinar Ceballos Espinoza. Con excepción del que se fue a Suecia, todos rindieron testimonio, coincidente en los detalles de este operativo para deshacerse de supuestos guerrilleros sin llevarlos a juicio.

Fuego de morteros

En los años setenta se llegaron a concentrar hasta 24 mil elementos de tropa solamente en Guerrero. La Comverdad menciona comunidades enteras, como El Quemado, que fueron trasladadas con todos sus hombres, mujeres, niños y ancianos hasta el Campo Militar Número Uno, en donde permanecieron cautivos hasta por dos años sin juicio ni acusación formal. Así fueron perseguidos todos aquellos que se apellidaran Cabañas o Vázquez o Rojas, a quienes se les atribuía parentesco con los líderes guerrilleros Lucio Cabañas y Genaro Vázquez.

Un telegrama enviado por el secretario de la Defensa Nacional en 1971, general Hermenegildo Cuenca Díaz, describe como algo cotidiano el tipo de ataques ordenados y operados por miles de militares para liquidar todo vestigio de guerrilla. El alto mando instruía sin rodeos: "Localizar, hostigar, capturar o exterminar" a cualquier contacto o apoyo de los "gavilleros", como se nombraba a los insurgentes armados, pero también a opositores pacíficos que podían ser profesores, estudiantes, campesinos, indígenas, activistas, hombres y mujeres.

Otra comunicación telegráfica, dirigida el 31 de agosto de 1974 por el general Eliseo Jiménez Ruiz al secretario de la Defensa Nacional Hermenegildo Cuenca Díaz, describía específicamente que las tropas lanzaron "fuego de morteros" sobre cañadas y arroyos durante la persecución y búsqueda de algún "maleante". Eran maniobras de "tierra arrasada" (aunque en la época no se llamaba así) en las que la tropa no perdonaba siquiera a niños ni ancianos. Todos eran potenciales enemigos y por ello se llegó a disparar morteros y directamente se bombardeó por tierra y aire a poblados con sus humildes habitantes, tal como tropas estadounidenses habían estado haciendo en Vietnam.

La Comverdad escudriñó en documentos oficiales hasta determinar, con nombre y apellido, a 227 mandos militares responsables de crímenes, torturas y desapariciones, a quienes se encomendó esta embestida global en Guerrero. Quedó demostrado en forma patente que no se trató de una política represiva aislada, sino de un operativo de contrainsurgencia sin tregua destinado a liquidar cualquier brote armado opositor. Desde sus tareas represivas en Guerrero, algunos jefes militares ascendieron por altos puestos de la Secretaría de la Defensa Nacional hasta alcanzar incluso la titularidad, como fue el caso del general Enrique Cervantes Aguirre. O terminaron siendo asesores del presidente en turno, como Mario Arturo Acosta Chaparro, una especie de embajador plenipotenciario de Felipe Calderón ante capos del narcotráfico y quien moriría asesinado a plena luz del día por un par de jóvenes en motocicleta en la colonia Anáhuac de la Ciudad de México, en abril de 2012.

Ley del silencio

Con excepción de los pilotos y mecánicos convocados e interrogados por la justicia militar arriba mencionados (sin que hubieran sido castigados), hasta ahora ningún otro jefe u oficial del Ejército, ningún soldado raso, marino o policía mexicano que haya sido partícipe en acciones criminales, efectivamente ordenadas o consentidas durante los sexenios de 2000 a 2018, ha confesado por propia iniciativa sus servicios criminales o paramilitares prestados (como lo hizo en Canadá en 1988 el militar desertor Zacarías Osorio Cruz) durante esas etapas del narcogobierno descritas por el actual presidente Andrés Manuel López Obrador, en las que se refirió muy específicamente a la administración de Felipe Calderón Hinojosa.

Ese mutismo, esa ley de la *omertá* no equivale a decir que abusos de semejante magnitud jamás hayan vuelto a ocurrir en nuestro país.

Dentro de procesos específicos y para obtener algún beneficio procesal, unos pocos confesaron haber sido testigos de muy graves crímenes, como ocurrió incluso mientras duró la corte marcial contra Acosta Chaparro y Quirós Hermosillo, pero no se les tomó en cuenta a la hora de emitir una sentencia por crímenes de lesa humanidad perpetrados por esos personajes, los cuales solamente fueron acusados de complicidad con traficantes a cambio de sobornos, protección al cártel de Juárez y ayuda en el trasiego de sustancias ilícitas. Eran delitos menores si se les comparaba con la tortura, la desaparición de personas y la liquidación de guerrilleros, ilícitos que fueron perpetrados impunemente en cumplimiento de una política gubernamental de la época. Se investigó a tres militares por homicidio calificado, pero no se llegó a conclusión judicial alguna.

Tanto el ingeniero Genaro García Luna, exsecretario de Seguridad Pública federal y excoordinador de la Agencia Federal de Investigación, como sus principales colaboradores Luis Cárdenas Palomino y Ramón Eduardo Pequeño García podrían dan pormenores de ese cotidiano accionar delincuencial desde el Gobierno ocurrido también varias décadas después en México.

Mientras tanto, ¿quién será llamado a responder por las operaciones encubiertas tras los falsos oficios de comisión y detrás de los viáticos entregados para hacerle el trabajo sucio a la delincuencia organizada desde la Secretaría de Seguridad Pública? ¿Quién se responsabilizará por la existencia misma y la instrumentalización de los Libres, militares en receso temporal, convertidos en paramilitares para ser utilizados, mediante mecanismos y jefes ocultos, al servicio de esa misma delincuencia o de los intereses de las trasnacionales mineras?

Por citar un ejemplo más bien cercano a la corrupción y al pago se servicios recibidos, García Luna podría dar pormenores de cuál fue el arreglo con el presidente Felipe Calderón quien, dos días antes de dejar el cargo de presidente de la República, todavía contrató a una empresa vinculada a él, su secretario de Seguridad Pública y amigos, para ofrecer cursos de capacitación por la suma de 19 millones de dólares. No es poca cosa, teniendo en cuenta que solamente tres personas habrían tomado el curso, con duración de hora y media. Fue una total simulación: cada "capacitado" costó al erario más de 6.3 millones de dólares. Al cambio de la época, más de 80 millones de pesos por alumno. Unos 250 millones de pesos en total, de los cuales el gobierno de Andrés Manuel López Obrador todavía adeudaba una tercera parte actualizada en dólares. Es decir, 120 millones de pesos de 2020.

El periódico *La Jornada* publicó el cálculo de que cada minuto de ese fantasmagórico curso se cobró al Gobierno en 4.15 millones de pesos, lo que equivaldría a poder cubrir, con esa cantidad de 60 segundos, la colegiatura semestral de 40 alumnos en el TEC de Monterrey o hasta 44 en el ITAM.

Después de la denuncia presentada por el gobierno de la Cuarta Transformación, tarjetas informativas de la Secretaría de Hacienda y de Presidencia añadieron el dato de que una sola empresa ligada a García Luna, Nunvav Inc., recibió entre 2012 y 2017, en el sexenio de Enrique Peña Nieto, contratos del Gobierno por 390 millones de dólares. Ya se investigaba a ese consorcio, el mismo que se consideró pieza clave en la triangulación de recursos por parte del exsecretario de Seguridad Pública.

La Unidad de Inteligencia Financiera había difundido, desde diciembre de 2019, que esa misma empresa "trianguló recursos" por más de 2 678 millones de pesos de la Tesorería de la Federación y de la Secretaría de Gobernación a través de instituciones financieras de Israel, Letonia, Panamá, China y los Estados Unidos. En vez de cubrirle "el pago restante", el gobierno de Andrés Manuel López Obrador ha decidido investigar a su singular deudora. Ni siquiera existe evidencia de que trabajos ya pagados hayan sido realizados según los contratos.

La Fiscalía General de la República y la Secretaría de la Función Pública investigan los nueve contratos que, por 390 millones de dólares de fondos de la partida de Seguridad Pública Federal y otro más por 270 millones de pesos cubierto con recursos del presupuesto tradicional que, en el sexenio de Peña Nieto, se pactaron con y se pagaron a una empresa sospechosa de practicar el lavado de dinero a nivel internacional.

El presidente López Obrador reveló la corruptela de última hora de la administración de Felipe Calderón, el absurdo contrato por 19 millones de dólares. ¿Fue un simple regalo de fin de sexenio? ¿Era un guardadito en previsión de la vuelta a la política del propio Calderón y su amigo, operador y socio García Luna a través de la organización México Libre? ¿Se trató de una entrega corrupta para que la cantidad fuera devuelta íntegra o en un buen porcentaje años después? El asunto es un misterio que el beneficiado original puede y debería esclarecer.

Resulta curiosa la coincidencia. El anterior presidente panista, Vicente Fox, había hecho lo propio, igual dos días

antes de retirarse de Los Pinos. No contrató un curso multimillonario e inútil para el momento. Hizo algo mucho
más grave al tomar una decisión trascendental para la paz
del país, para la conversión de México en potencia expor-
tadora de drogas y el daño fue mayúsculo:

> Vicente Fox Quezada decidió, el 28 de noviembre de 2006,
> ordenar que la flota aérea de la Procuraduría General de la
> República dejase de fumigar por aire los plantíos de mari-
> guana y amapola en todo el país. Las 108 aeronaves enton-
> ces en manos de la PGR pasaron en los siguientes días, a me-
> diados de diciembre, ya con Calderón presidente y Eduardo
> Medina Mora procurador de la República, al ámbito de una
> Secretaría de la Defensa Nacional con el general Guillermo
> Galván Galván al frente. Entonces los militares suspendie-
> ron definitivamente el ataque aéreo a los plantíos, de tal
> modo que creció de manera exponencial la cantidad de *canna-
> bis*, opio y heroína circulando por el país y a través de las
> fronteras hacia Estados Unidos y el resto del mundo.

Nadie se tomó la molestia de explicar o justificar esa decisión presidencial intempestiva —ni quien la tomó ni alguien de su gabinete—, la cual se contraponía, en espíritu y
en resultados concretos, con la militarizada "guerra al narcotráfico" impuesta por Estados Unidos a México y que
muy pronto aplicaría hiperactivamente y sin embozo el su-
cesor Felipe Calderón Hinojosa, con catastróficos resultados de violencia, inseguridad y muertes crecientes. Hubo,
pues, un presidente panista sospechosamente permisivo
con los cultivos ilícitos cuando ya se iba de Los Pinos y

otro presidente, también de Acción Nacional, que emprendería muy poco tiempo después, anunciándola con bombo y platillo, una guerra violenta contra los dueños de esos mismos cultivos que oficialmente fueron tolerados por Vicente Fox.

Miles de pruebas contra
Genaro García Luna

Según se asentó páginas arriba, Genaro García Luna reiteró ante la Corte de Manhattan su decisión de declararse "no culpable" de todos los cargos que se le imputaban, incluidos varios de conspiración para participar en el trasiego de unas 57 toneladas de cocaína hacia los Estados Unidos, ser parte y dirigente de una empresa criminal continua desde 2001, aliado y al servicio del cártel de Sinaloa, además de mentir a las autoridades migratorias respecto a no haber cometido delito alguno contra el país en el que pretendía naturalizarse.

En una atropellada y breve audiencia ante el juez Bryan Cogan, del Distrito de Nueva York, en octubre de 2020, apenas hubo tiempo de preguntar a su defensa si García Luna estaba perfectamente enterado y era consciente de lo que se le acusaba.

En menos de un año, en efecto, para enjuiciar al exfuncionario mexicano las agencias de inteligencia del país vecino, la Procuraduría y el Departamento de Estado habían aportado casi 200 mil páginas de pruebas en su contra, transcripción de intercepciones telefónicas (más de mil 500 horas de grabación), análisis de los celulares y computadora del acusado, estados financieros, depósitos bancarios, contratos de compraventa, registros de propiedades a su nombre o de sus familiares, videos y diversa documentación contable y empresarial, recabadas por el FBI, la DEA, Aduanas y otras agencias de investigación. Pero cuando inició el juicio el prontuario rebasaba el millón de páginas más el material audiovisual del caso.

En varias ocasiones las autoridades estadounidenses negaron a García Luna la posibilidad de ser liberado bajo fianza y continuar su proceso desde su domicilio (aunque ofreció hasta dos millones de dólares en garantía), pues estimaban que un hombre tan poderoso y enriquecido conservaría amigos, tanto en México como en los Estados Unidos, que podrían ayudarlo a evadir la justicia.

Fue hasta enero de 2021 cuando se formalizó en México la denuncia por graves irregularidades durante los gobiernos de Enrique Peña Nieto y Felipe Calderón, cuando se entregaron contratos por más de 402 millones de dólares a la empresa Nunvav Inc., vinculada "como pieza clave" a la triangulación de recursos de Genaro García Luna. Se trata de nueve contratos por 390 millones de dólares con fondos de la partida de Seguridad Pública Nacional y un décimo documento por 270 millones de pesos extraídos del presupuesto corriente.

García Luna estuvo involucrado en los contratos a empresarios particulares para edificar y administrar ocho prisiones en el país, a quienes el Gobierno aún adeuda más de 190 mil millones de pesos, reveló la titular de la Secretaría de Seguridad y Protección Ciudadana, Rosa Icela Rodríguez. Algunos de esos contratos tienen vigencia hasta 2032, 2036 y 2037. Pero con el total ya pagado en los últimos años la inversión se eleva a 266 300 millones de pesos.

El abuso del presupuesto fue evidente en esos contratos, "por decirlo suavemente", refirió en su conferencia matutina del 13 de enero el presidente Andrés Manuel López Obrador y anunció que el jurídico de la Presidencia buscará una modificación de los convenios con las empresas que construyeron y que administran los penales, en beneficio de la hacienda pública, o se iniciará una denuncia civil para anular esos contratos.

La Secretaría de Hacienda continuaría investigando todos los convenios con los que se benefició a Nunvav Inc. en los sexenios de Calderón y Peña Nieto, como el ya mencionado curso con duración de hora y media a tres funcionarios por la absurda cantidad de 19 millones 848 mil dólares, de los cuales el gobierno actual todavía habría de pagar 5.9 millones de dólares. "El objeto del contrato se estableció para suministro, instalación, capacitación y puesta en marcha del equipamiento tecnológico especializado de control y supervisión para el Centro Federal de Readaptación Social número 12 de Guanajuato", pero entonces se presentó para el cobro la factura del curso.

En la Dirección General de Administración de los reclusorios del país "no existe evidencia de los trabajos realizados y ya pagados al proveedor. En el contrato y su anexo técnico no se especifican los componentes del sistema integral, ni los alcances de las capacitaciones técnicas y operativas".

Como apoyo a la factura aún sin pagar por 5 954 400 dólares, el proveedor anexó como soporte documental "la capacitación proporcionada el 28 de noviembre de 2018, con duración de una hora y 37 minutos, a tres participantes que no laboran ni han laborado en Prevención y Readaptación Social".

Los contratos para las ocho prisiones privadas fueron entregados "a puro influyente", incluyendo a políticos y sus familiares, como los cuñados de Carlos Salinas de Gortari, y hasta a dueños de medios de información (como Olegario Vázquez Raña, a quien no mencionó por su nombre. "Se servían con la cuchara grande y por eso no había investigación".

Como una evidencia irrefutable de corrupción, el 14 de enero se aludió al gran abuso consistente en pagar 16 mil millones de pesos al año por 12 mil reclusos de los ocho penales citados: un costo individual por prisionero de 3 500 pesos diarios, sin incluir lo que paga el Estado por la custodia. "Es lo que está ganando el presidente de la República de salario mensual", alrededor de 100 mil pesos.

Hay reclusorios privados, como el de Michoacán, en donde se paga en promedio diario hasta más de 5 mil pesos, mientras en la Ciudad de México cada reo le cuesta 500 pesos al erario. En el femenil de Morelos se cubre una cantidad superior a los 6 mil pesos diarios por interna. La privatización de los reclusorios es un ejemplo de mescolanza de intereses, de vinculación estrecha entre los negocios privados y los negocios públicos de la era neoliberal, insistió el presidente.

Los penales adjudicados de manera directa por Genaro García Luna y su jefe Felipe Calderón Hinojosa se ubican en Sonora, Oaxaca, Durango, Chiapas, Michoacán, dos en Guanajuato y uno más, femenil, en Morelos.

De los 22 776 millones de pesos ejercidos en 2020 por Prevención y Readaptación Social, 68.3% se destinó a pagar a esas empresas privadas: 15 562 millones. Son contratos privados con vigencia de 20 y 22 años, cuyos pagos se van indexando a la inflación, y al final los inmuebles y sus instalaciones serán propiedad del proveedor y no del Gobierno, según las cláusulas que dio a conocer el que fuera abogado de la presidencia Julio Scherer Ibarra.

El gobierno de Andrés Manuel López Obrador buscaría llegar a un acuerdo con los proveedores para modificar esos contratos abusivos, en beneficio del erario. De todos modos ordenó comenzar a elaborar una denuncia civil para cancelar esos convenios en caso de no haber arreglo. Las empresas que obtuvieron contratos para erigir reclusorios fueron, entre otras: Homex, principalmente dedicada a construcción de vivienda y que fue declarada en quiebra en 2011; Promotora y Desarrolladora Mexicana, de Olegario Vázquez Raña; ICA (Ingenieros Civiles Asociados), de Alonso Quintana; GIA, de Hipólito Gerard Rivero; Tradeco, la cual se dedica a construcción de carreteras y a trabajos de Petróleos Mexicanos, y ARB Arendal, de José de Jesús García Vázquez.

Luego un general del Ejército

Cuando todo mundo aguardaba el inicio formal del proceso en contra de Genaro García Luna, el 15 de octubre de 2020 se cimbró toda la estructura del poder militar en México: el general Salvador Cienfuegos Zepeda, quien fuera secretario de la Defensa Nacional en el sexenio de Enrique Peña Nieto, era capturado en el aeropuerto de Los Ángeles, California, acusado en Estados Unidos de cargos por traficar todo tipo de drogas ilícitas (cocaína, heroína, mariguana, metanfetaminas), además de lavado de dinero, en alianza con un grupo de la delincuencia organizada en el noreste de México.

Tan no se esperaba esta acción en su contra en territorio vecino, que el general Cienfuegos iba en el avión con toda su familia. Pero ya estaba en una lista de los más buscados por la DEA. Se reveló entonces que sus actividades eran espiadas desde hacía 10 años, por lo menos, en una llamada Operación Padrino.

Ante la Corte de Distrito Este de Nueva York, la DEA le endilgaba indistintamente los apodos del Padrino o Zepeda al general Cienfuegos en un documento fechado en agosto de 2019. El Departamento de Justicia decidió acusar a ese destacado militar mexicano, con más de 50 años de servicio en todos los altos cargos del Ejército, de conspiración para lavar millones de dólares provenientes de la producción, venta y trasiego por la frontera México-Estados Unidos de todo tipo de drogas, presuntamente aliado y sobornado por un grupo derivado de los Beltrán Leyva asentado en Nayarit.

Resulta contradictorio que, mientras García Luna era ligado corruptamente con el poderoso cártel de Sinaloa, al extitular de la Defensa Nacional se le atribuya haber servido a un grupo mucho menor y de poca influencia territorial, el del H-2 de Nayarit (con influencia en puertos de Jalisco y Sinaloa), un mero subsidiario del conocido cártel de los Beltrán Leyva. Se puede alegar que son hechos diversos en diferentes épocas y que no importa el tamaño del grupo delincuencial, pero sorprendió la manera en que se presentaron los cargos contra uno y otro exfuncionarios mexicanos.

Según el prontuario criminal acumulado por la agencia antidrogas estadounidense, se atribuía al general Cienfuegos Zepeda haber auxiliado al H-2, Juan Francisco Patrón Sánchez, a traficar drogas hacia Nueva York y otros estados de la Unión Americana, además de intervenir en el contrabando de armas de los Estados Unidos hacia México.

La acusación de la DEA aseguraba que el general Cienfuegos además:

alertó al cártel del H-2 sobre investigaciones en curso que realizaban agentes estadounidenses, que contaban con la cooperación de informantes y testigos, lo cual dio como resultado el asesinato de un miembro del cártel que uno de los capos de la organización equivocadamente creyó que cooperaba con los agentes de Estados Unidos.

De hecho el encausamiento número CR 19-366, en manos de la jueza federal Carol Bagley Amon, de la Corte Este de Brooklyn, Nueva York, afirmaba que las acciones delictivas del general Cienfuegos pusieron en peligro la vida de agentes estadounidenses al delatarlos ante este brazo del cártel de los Beltrán Leyva. Firmado por varios fiscales del Departamento de Justicia, entre ellos Ryan Harris, Michael Robotti y Craig Heeren, el documento acusatorio asegura: "Él no respeta a la autoridad ni la aplicación de la ley y, previamente, puso en peligro la seguridad de funcionarios estadounidenses [en México] y sus testigos informantes al revelar la existencia y estatus de una investigación criminal contra el cártel H-2 y su liderazgo".

Esa imputación se asemejaba a las enderezadas en los años ochenta del siglo pasado a los capos del cártel de Guadalajara que, aliados con funcionarios del Gobierno, habrían sido partícipes en el secuestro, tortura y asesinato del agente de la DEA Enrique Camarena Salazar.

Esta supuesta actividad criminal atribuida a Cienfuegos habría ocurrido entre 2015 y 2017, época en la que él era el jefe del Ejército y la Fuerza Aérea. Justamente en febrero de 2017 fue abatido, desde un helicóptero de la Marina, el H-2 llamado Juan Francisco Patrón Sánchez, a quien se señala como el socio delincuencial del exsecretario de la Defensa. La autoridad del país del norte sostenía esas graves imputaciones contra el general mexicano: "[Cienfuegos] se aseguraba de que las operaciones militares no se llevaran a cabo en contra del cártel H-2, pero sí de que se iniciaran operativos bélicos contra organizaciones de tráfico rivales y localizaba igualmente transporte marítimo para envíos de drogas".

Según la carta de los fiscales estadounidenses, los traficantes de Nayarit, que operaban también desde los puertos de Mazatlán, Sinaloa y Manzanillo, Colima, habían armado una extensa red de células al otro lado de la frontera para distribuir drogas en Los Ángeles, Las Vegas, Ohio, Minnesota, Carolina del Norte y Nueva York.

Cienfuegos no solamente era descrito él mismo como criminal, sino como quien presentó a los altos mandos del cártel traficante a "otros funcionarios corruptos" del Gobierno mexicano dispuestos a favorecer a la organización a cambio de sobornos multimillonarios.

Ya desde las audiencias del juicio contra el traficante Joaquín *el Chapo* Guzmán Loera había sido mencionada la colusión de altos mandos del Ejército con la delincuencia organizada. Vicente Zambada Niebla, apodado el Vicentillo, señaló que el cártel de Sinaloa, del cual es líder su padre Ismael *el Mayo* Zambada, tenía en la nómina de sobornos al general Eduardo Antimo Miranda, al también general de División y exjefe del Estado Mayor Presidencial Roberto Francisco Miranda Moreno y al coronel Marco Antonio de León Adams, exjefe de seguridad del presidente Vicente Fox.

En revelaciones al corresponsal de *Proceso* en Washington, José de Jesús Esquivel, fiscales que pidieron anonimato y reserva periodística de los informes aún en elaboración, mencionaron que en la investigación se señala a otros generales y oficiales mexicanos de alto rango implicados en el trasiego de drogas que hipotéticamente podrían ser capturados o pedidos en extradición.

Una prueba crucial contra Cienfuegos serían conversaciones telefónicas grabadas entre el general y líderes del crimen organizado ya en poder de los fiscales. La intercepción telefónica no dejaba lugar a dudas sobre el involucramiento del alto militar con el tráfico internacional de drogas, según el Gobierno de los Estados Unidos. (Como se verá más adelante, esas supuestas pruebas no existieron, según la Fiscalía mexicana, la cual decidió el "no ejercicio de la acción penal" contra Cienfuegos en enero de 2021) y el presidente Andrés Manuel López Obrador declaró públicamente que la DEA inventaba cargos y culpables.

Con más de medio siglo en servicio, además de secretario de la Defensa Nacional, el general Cienfuegos, a sus 72 años, ya había sido director del Colegio Militar, jefe de varias regiones militares: la Primera, que comprende la Ciudad de México, Hidalgo, Morelos y Estado de México; la Quinta, con Jalisco, Nayarit, Colima, Zacatecas y Aguascalientes; la Séptima (Chiapas y Tabasco); la Novena, en Guerrero, entre otras. Fue agregado militar en las embajadas de México en Japón y Corea del Sur. En visitas oficiales viajó a Estados Unidos, a Chile, China y Cuba.

Las acusaciones contra el general Cienfuegos se reforzarían, además de la vieja investigación sobre su propio actuar público y secreto acopiada por la DEA y otras agencias, añadiendo testimonios incluidos en el juicio al *Chapo* Guzmán, señalamientos del Vicentillo, datos aportados de su tío Jesús Reynaldo *el Rey* Zambada García y declaraciones de Edgar Veytia, exfiscal de Nayarit, preso en Estados Unidos y ya condenado a 20 años de prisión, confeso de haber servido al mismo grupo de traficantes al que habría encubierto el general Cienfuegos.

Veytia estaría dispuesto a dar fe de las supuestas andanzas ilegales del militar, pues él era fiscal mientras desde la Secretaría de la Defensa Nacional había protección explícita al narco en Nayarit, según los cargos que se imputan al general mexicano.

El fiscal Veitya, con doble nacionalidad —mexicana y estadounidense—, condenado en la misma Corte que Joaquín *el Chapo* Guzmán, sería clave para hundir al general Cienfuegos, confiaban los fiscales estadounidenses. De pronto era detenido en Estados Unidos un cuarto mexicano relevante: a los ojos de la opinión pública había simultáneamente un capo de capos, un exfiscal corrupto que confesó sus delitos, un exsecretario de Seguridad Pública Federal y un exjefe del Ejército y la Fuerza Aérea, los cuatro hermanados en sus respectivos banquillos de los acusados.

Habría que agregar a los colaboradores cercanos de García Luna en la SSP Federal, Luis Cárdenas Palomino y Ramón Pequeño García, quienes entrado 2021 seguían siendo prófugos de la justicia en México y en los Estados Unidos. Con excepción de Guzmán Loera, ninguno de los otros cinco fue imputado y procesado en su propio país por temas de tráfico de drogas.

En su segunda breve comparecencia en la Corte de Los Ángeles (a distancia debido a la emergencia por la pandemia del coronavirus), al general Cienfuegos se le negó nuevamente la libertad bajo fianza a través de su representante Duane Lyons, no obstante que el defensor legal ofreció depositar una fianza de 750 mil dólares, que según él representaban los ahorros de toda la vida del exsecretario de la Defensa Nacional.

El abogado Duane Lyons esgrimió además ante la Corte el tema de la edad del acusado, 72 años, que lo hacía proclive a un posible contagio de covid-19, e incluso ofreció seguridades de que Cienfuegos no guardaba alguna intención de evadirse de la justicia y retornar a México o a algún país que no cuente con tratado de extradición con los Estados Unidos. Por el contrario, dijo que tenía toda la intención de desmontar las acusaciones, demostrar su inocencia y limpiar su nombre y trayectoria.

La respuesta del juez no pudo ser más drástica: "La gravedad de los cargos que enfrenta hace crecer el riesgo de huida [del general] para evitar el proceso en su contra. Su influencia y poder político y una potencial condena de cadena perpetua son incentivos para escapar". Así rechazaba el juez de la Corte Federal del Distrito Central de California, Alexander MacKinnon, cualquier posibilidad de que Cienfuegos enfrentase su proceso en libertad.

Allí mismo firmó la orden de traslado del caso a la Corte Federal Este de Brooklyn, en donde se depositó el expediente sobre la presunta implicación del general en el tráfico de drogas, a partir del cual se pedía procesarlo por graves acusaciones que incluían el tráfico de todo tipo de drogas, su asociación delictiva con un grupo criminal y lavado de dinero.

Apoyó la decisión del juez el fiscal Ben Balding, quien reiteró que el Gobierno de su país deseaba que el general Cienfuegos "permanezca bajo custodia carcelaria en tanto se desarrolla su juicio", cuyo resultado final podría ser un mínimo de 10 años de cárcel hasta un máximo de cadena perpetua, según las expectativas del momento.

Para el ilícito de lavado de dinero, se le hizo saber al exjefe del Ejército y la Fuerza Aérea mexicanos el propósito del Gobierno estadounidense de incautar todas sus propiedades y dinero que deriven "de cualquier ingreso obtenido directa o indirectamente de los delitos". Del mismo modo ocurriría el decomiso de cualquier propiedad utilizada o destinada a usarse, "de cualquier manera o en parte, para cometer o facilitar la comisión" del tráfico de drogas.

Las autoridades de los Estados Unidos argumentaban que se abstuvieron durante meses de solicitar formalmente a México un arresto con fines de extradición del general Cienfuegos, debido a su gran poder en las estructuras de procuración e impartición de justicia mexicanas y también porque los procesos de extradición, aun con un tratado bilateral vigente, suelen retardarse por años, en la medida en que los candidatos a una eventual entrega trasnacional pueden interponer múltiples recursos para impedir o retrasar su entrega al extranjero. Prefirieron, según revelaron confidencialmente al corresponsal de *Proceso* José de Jesús Esquivel, aguardar a que el propio Cienfuegos viajara a cualquier punto de la Unión Americana para aplicar la orden de arresto emitida desde el 14 de agosto de 2019, misma que se mantuvo en secreto durante más de un año.

Ni autoridades mexicanas ni el propio general tenían en su horizonte este drástico arresto, ocultamiento que fue la base de un actuar deliberado y que constituyó una ofensa diplomática para México, en donde por cierto no existe averiguación alguna en contra del alto militar. Esos fueron varios de los reclamos y argumentos que el Gobierno mexicano puso sobre la mesa cuando negoció que fuera regresado a nuestro país el general Cienfuegos.

Desde que se integró la carpeta de imputaciones que tenía en su poder la jueza federal Carol Bagley Amon, en la Corte del Distrito Este de Brooklyn, Nueva York (agosto de 2019), las agencias de inteligencia de Estados Unidos analizaban diversas alternativas para detener al exjefe del Ejército y la Fuerza Aérea mexicanos para ser juzgado en la misma Corte donde fue procesado y sentenciado a 20 años el exfiscal de Nayarit Edgar Veitya por servir a los mismos capos del narcotráfico a los que se habría asociado, protegido y encubierto el general Salvador Cienfuegos Zepeda.

Según documentos desclasificados que citó el diario *Milenio*, desde el 17 de enero de 2020 ya se habría ratificado la condición de "fugitivo" de este militar mexicano al que se le imputaban conspiración para producir, manufacturar y colocar en Estados Unidos todo tipo de drogas (cocaína, heroína, mariguana, drogas sintéticas) en asociación con el grupo del H-2 de los Beltrán Leyva, además de lavado de capitales que importarían millones de dólares.

Desde la primera acusación, firmada por el fiscal Richard Donahue, aparecen las graves imputaciones por los delitos mencionados, las cuales fueron ratificadas por el fiscal del Distrito Este Seth DuCharme, el mismo que actualizó la orden y planes para capturar al general mexicano, al que se menciona curiosamente en documentos oficiales solamente como Salvatore Cienfuegos y se le apoda el Padrino o Zepeda, como si su segundo apellido fuera un mote.

Puesto diplomático inventado

De esa manera se había dejado totalmente abierta la posibilidad de armar un maxiproceso en Estados Unidos a costa de enjuiciar a más mexicanos. Además de altos mandos del Ejército, se mencionó como candidatos a ser procesados a destacados funcionarios del círculo cercano de Genaro García Luna en la Secretaría de Seguridad Pública federal, entre los que se aludió directamente a Javier Garza Palacios, excoordinador de Seguridad Regional de la Policía Federal Preventiva.

Garza Palacios fue acusado de permitir que, en la madrugada del 16 de mayo de 2007, un comando de por lo menos 50 sicarios fuertemente armados cruzara con impunidad unos 300 kilómetros de carreteras en Sonora (desde Caborca hasta Cananea), sin ser siquiera reportado hasta que llegó para abatir a policías estatales y locales. Ante la protesta del entonces gobernador Eduardo Bours, a quien le pareció el colmo de la impunidad esta "caravana de la muerte" que fue invisibilizada por los policías federales aunque viajaba a bordo de por lo menos 16 camionetas,

García Luna hubo de remover a los mandos de lo que antes fuera la Policía Federal de Caminos.

En vez de consignar a los responsables de la masacre de 22 personas que ocurrió en aquella ocasión, García Luna terminó nombrando un mes después a Garza Palacios agregado policial y de seguridad en Colombia, un *sui generis* encargo diplomático que se le inventó a la medida. Se sospecha que desde aquella posición privilegiada, el exmando regional pudo haber sido una conexión con los traficantes de cocaína que a su vez enviaban las cargas de droga hacia México en arreglos corruptos con el cártel de Sinaloa y con conocimiento de su jefe. "Era improcedente", fue la explicación oficial sobre el nombramiento, "obstaculizar el desarrollo profesional policial del funcionario removido", que terminó cayendo hacia arriba.

Se justificó que ya había comparecido ante el Órgano Interno de Control y se puso a disposición del Ministerio Público. En defensa de uno de sus colaboradores más allegados, García Luna expresó:

En ambos no tuvo señalamientos de imputación o alguna referencia que impidiera su evolución profesional. En contraparte, él se evaluó con toda la batería de exámenes que tenemos y en tanto no exista imputación o alguna evidencia, una referencia específica que dé indicios para una indagatoria, un hecho que obligue al seguimiento jurídico, no podemos cortarle a nadie su carrera policial.

Garza Palacios había sido antes director de Operaciones Especiales de la AFI, también al servicio de García Luna, en el sexenio de Vicente Fox Quezada. Al igual que este funcionario, fueron separados de sus cargos por el inexplicable descuido en Sonora, por quien nadie fue consignado, Héctor Luévanos Becerra, coordinador de Seguridad Regional; Tomás Zerón de Lucio, coordinador de Control Policial (reaparecería como fiscal en la PGR, durante las irregulares pesquisas sobre el destino de los 43 normalistas de Ayotzinapa desaparecidos en Iguala en septiembre de 2014 y se convirtió en este sexenio en prófugo de la justicia mexicana); Carlos Vega Skorlich, coordinador de Planeación Logística y exjefe del Estado Mayor de la Policía Federal (PFP); Vidal Díaz Leal Ochoa, director de Seguimiento Operativo, y Héctor Alejandro Moreno Mendoza, supervisor de la Zona Noroeste, antes jefe regional de la AFI en Sonora, en Baja California, Chiapas y Guanajuato.

Federales asesinados

E ntre otros descuidos criminales atribuidos a los jefes policiales de García Luna, la periodista Dolia Estévez recordó, a partir de documentos oficiales y datos confirmados por ella, cómo fue que el alto mando decidió abandonar a 12 policías federales en la región de Arteaga, en Michoacán, que terminarían por ser torturados, violados y asesinados por la Familia Michoacana.

Los federales realizaban una investigación encubierta, por lo que iban vestidos de civil y sin armas. Los delincuentes que los capturaron llamaron por el celular de uno de los policías cautivos para negociar su posible liberación con el jefe Ramón Pequeño, quien a su vez lo consultó con su superior García Luna y ambos decidieron no pactar absolutamente nada con Servando Gómez *la Tuta*, bajo cuyo poder estaban los federales.

Fueron abandonados a su suerte y el sacrificio de los policías que cumplían órdenes de García Luna "justificó un despliegue masivo de 5 500 elementos de la Policía Federal y del Ejército en Michoacán", lo cual terminaría sirviendo al cártel de Sinaloa, pues el objetivo de la represión eran sus enemigos. Ya desde entonces estaban coludidos con Sinaloa García Luna, Pequeño García y su grupo.

Entrevistada por Alejandro Páez en La Octava, de Radio Centro, Dolia Estévez detalló que las víctimas admitieron su condición de policías federales, pero los jefes contactados por los criminales respondieron: "No vamos a hacer nada". Fue el día más negro para la Policía Federal, comentó la periodista, y el hecho de abandonar a sus elementos redundó en que "se viniera abajo la moral de las fuerzas policiacas, particularmente los elementos de calle".

El mismo Pequeño García, que continuaba en altos puestos federales pese a que abandonó a su suerte a sus propios policías, fue destituido en julio de 2015, como uno de los responsables de haber consentido la segunda fuga de Joaquín *el Chapo* Guzmán Loera, esta vez de la cárcel de presunta alta seguridad de Almoloya.

Pequeño estaba encargado del monitoreo de las cámaras de vigilancia de los penales federales, desde Plataforma México, y no fue capaz de alertar de los preparativos y la evasión misma del capo sinaloense. Y es que ya tenía años de estar al servicio del Chapo, según la imputación que años después le harían autoridades estadounidenses y no las mexicanas.

Los fiscales en el caso García Luna en Estados Unidos mencionaron a Luis Cárdenas Palomino y a Ramón Pequeño García como quienes principalmente brindaron protección a la organización criminal de Sinaloa, que comandaban Ismael *el Mayo* Zambada García y Joaquín *el Chapo* Guzmán Loera. Cárdenas y Pequeño "aceptaron millones en sobornos para proteger al cártel", le confiaron fuentes del Departamento de Justicia al periodista Alan Feuer, quien tiene la cobertura de temas judiciales para el diario *The New York Times*.

Cuando se emitió orden de arresto desde Estados Unidos para estos personajes, los agentes revelaron un dato escalofriante: mencionaron cómo estos dos funcionarios mexicanos, más de una década atrás, estuvieron directamente implicados en el asesinato de un informante colombiano de la DEA, según reportó un "renegado" del cártel. En el momento en que fue liquidado, aquel informante aportaba datos precisos de envíos de cocaína desde Colombia que iban directamente a los Beltrán Leyva, antiguos socios del cártel de Sinaloa, quienes eran protegidos de García Luna.

Desde entonces, a finales de 2019, la Unidad de Inteligencia Financiera de la Secretaría de Hacienda ordenó congelar las cuentas bancarias de Cárdenas Palomino, quien después de su encargo público se ha dedicado a suministrar seguridad privada y guardias a varias empresas, además de él mismo responsabilizarse de la seguridad dentro del consorcio del empresario millonario Ricardo Salinas Pliego en TV Azteca.

Federales "se esfuman" en 2009

Por razones que solo el secretario de Seguridad Pública Federal y su jefe el presidente Felipe Calderón podrían explicar, Genaro García Luna tomó para sí la prerrogativa o se le encomendó nombrar agentes federales para hacerse cargo de la seguridad en algunos municipios de Michoacán. Era una extensión del mando nacional a responsabilidades locales. Y precisamente en la tierra natal donde el presidente Calderón inició su guerra contra el narco.

El 14 de noviembre de 2009 el titular de la ssp giró un oficio para que el oficial Juan Carlos Ruiz Valencia, de 33 años, y otros seis federales se trasladaran a Ciudad Hidalgo, Michoacán, en donde el primero sería secretario de Seguridad Pública, mientras sus compañeros operarían como jefes de grupo y policías de base. Pero pasaron varios días sin que se les proporcionara un vehículo oficial, viáticos, uniformes, chalecos ni las armas de cargo y municiones adecuadas para ir a cumplir esa encomienda.

El oficio no valió más que el papel en que estaba impreso, pese a que Ruiz Valencia había sido invitado a viajar a

Ciudad Hidalgo unos días antes por García Luna, quien lo presentó al alcalde y al cabildo. El titular de la SSP se regresó en helicóptero a la capital del país dejando en el lugar a su subordinado y futuro jefe policial, que hizo el viaje de retorno con sus propios recursos.

Sin deberla ni temerla, ese nombramiento a larga distancia molestó en exceso al jefe inmediato de los policías, el comandante del 21 Agrupamiento de la PF, Raymundo Agustín Hernández Guzmán, quien se lo reprochó al grupo de siete federales, a los que amenazó textualmente anunciándoles que él mismo se encargaría de que no llegarían a Michoacán y que no podrían más que él. "No se saldrán con la suya; de mi cuenta corre que ni su seguro de vida puedan cobrar sus familiares".

Esta explícita amenaza de muerte no impidió que los federales cumplieran con la orden de García Luna. Para ello debieron rentar un vehículo particular, una vieja Suburban modelo 1996 color azul marino y cofre y salpicaderas blancas, con las placas LYH-1743 del Distrito Federal.

Por tanto, decidieron hacer una coperacha y pagar al chofer Sergio Santoyo García. Este civil, más el jefe Juan Carlos Ruiz Valencia y todos los demás viajantes (Pedro Alberto Vázquez Hernández, Luis Ángel León Rodríguez, Jaime Humberto Ugalde Villeda, Israel Ramón Ulloa, Bernardo Israel López Sánchez y Víctor Hugo Gómez Lorenzo) jamás volvieron a aparecer, ni vivos ni muertos. El último lugar desde el que se comunicaron con sus familias fue Zitácuaro.

Pasó casi una semana para que la Policía Federal se diera por enterada de la desaparición. Fue gracias a los familiares de los policías que denunciaron el hecho. La renta de la Suburban tenía toda la lógica del mundo, pues el grupo no podía viajar en un autobús de pasajeros debido a las armas que por obligación debían portar y también por la supuesta seguridad de que, yendo en su propio vehículo, llegarían bien a su destino.

La Secretaría de Seguridad Pública muy pronto los etiquetó como "desaparecidos" y no vueltos a encontrar, pues antes de finalizar ese noviembre ya había mandado a un sustituto a Ciudad Hidalgo: el subinspector de procedencia militar Rafael Muñoz Rojas. Algunos de los familiares de estos policías federales, sacrificados por la incuria de sus jefes y por falta de recursos que debió entregarles su dependencia, tiempo después se sumarían a la Caravana por la Paz y Justicia con Dignidad. Once años más tarde seguían sin saber el paradero de los suyos. En vano entregaron cartas a la Presidencia de la República, al Senado, a la Cámara de Diputados y a las secretarías de Seguridad Pública, Defensa Nacional, Marina y otras dependencias.

Objeto de jugarretas de los perpetradores, tendientes a desorientarlos, y víctimas de la ineficacia de la dependencia a la que pertenecieron, los siete policías y el civil con sus familiares fueron doblemente victimizados con alertas falsas:

- En diciembre de 2009, autoridades de Atlacomulco, Estado de México, recibieron de dos menores de edad un sobre con las identificaciones originales de los policías, con fotografías nocturnas de todos ellos secuestrados y atados a un árbol en una zona boscosa. El sobre tenía una leyenda: "PF CONFI-DENCIAL, búsquenlos en la Laguna de Atlacomul-co. Saludos. Zetas". Se hurgó en el sitio indicado sin resultado positivo alguno.

- Vía telefónica, varios familiares recibieron varios días después información contradictoria en llama-das anónimas: "Los quiero ayudar", decía una voz masculina. "Los tiene La Familia Michoacana en el rancho La Huerta. Se están moviendo en una Subur-ban azul y en otra dorada, ambas blindadas. Los tie-ne el Cepillo".

- En los últimos días de ese año aparecieron cinco ca-dáveres calcinados en San Juan del Río, Querétaro. A sugerencia de la Policía Federal acudieron los fa-miliares a una posible identificación. Al final resultó que eran vendedores de autopartes del Estado de México, que habían sido llevados y ejecutados por algún grupo criminal.

- Todavía la Secretaría de Seguridad Pública organizó una visita a una región solitaria y boscosa de Mi-choacán, donde una llamada anónima indicó que estarían los restos. Los familiares fueron convenci-dos de disfrazarse para fingir que eran turistas y nada más. Recibieron instrucciones antes de subir a un par de autobuses. Finalmente no llegaron a sitio alguno. Después de un telefonema a choferes y en-cargados del transporte, los autobuses simplemente dieron media vuelta sin más explicación de los jefes de los policías perdidos. "No podemos garantizar su seguridad".

Esa era la Policía de primer mundo que presumía haber formado García Luna, la que en teoría iba a derrotar al crimen organizado en una guerra sin cuartel declarada por Felipe Calderón. Una guerra que era falsa, hoy se sabe, y con embestidas tan mediáticas como inútiles, en pleno narcogobierno, en el que los jefes policiales estaban al servicio del supuesto enemigo.

Crímenes y cleptocracia

E l voluminoso expediente que varios fiscales estadounidenses armaron en contra del general Salvador Cienfuegos Zepeda se acumuló en la Corte Federal Este de Nueva York desde agosto de 2019, clasificado como CR 19-366, bajo la severa custodia de la jueza Carol Bagley Amon.

Y no es en absoluto casual que esta misma jueza haya sido la responsable de sentenciar a 20 años de prisión al exfiscal de Nayarit Edgar Veytia, en septiembre de 2019, por tres cargos similares a los que se imputan a Cienfuegos por tráfico de drogas y por haber protegido al cártel que comandaba el H-2 (Juan Francisco Patrón Sánchez) a cambio de sobornos. Los ilícitos aceptados por Veytia fueron "extraordinariamente serios" e incluyen violencia desde el poder y asesinatos, diría Amon.

Veytia ingresó a Estados Unidos, siendo aún fiscal de Nayarit. Recién habían sido abatidos su amigo y protegido Patrón Sánchez y siete de sus sicarios desde un helicóptero de la Marina en febrero de 2017 en Tepic. Alegó en la Corte que Nayarit estaba sumido en la violencia, en un "estado de guerra" dominado por la delincuencia organizada, y en esas condiciones se vio obligado a aceptar ser parte del crimen, por lo que pidió clemencia a la jueza. Amon no creyó en absoluto en el arrepentimiento del fiscal y consideró que Veytia tenía la ciudadanía estadounidense y propiedades en California, por lo que pudo haberse trasladado a Estados Unidos para escapar de la violencia y evitar así convertirse en cómplice de los traficantes Beltrán Leyva y su brazo delincuencial en Nayarit, el grupo del H-2.

Igual que a partir de 2019 se acusaba al general Cienfuegos, a Veytia se le implicó en la liberación de varios miembros importantes y socios del cártel H-2 que estaban en la cárcel acusados de tráfico de drogas y posesión de armas, entre otros delitos. De igual manera como el exsecretario de la Defensa Nacional habría hecho con sus tropas, según el prontuario contra Cienfuegos, Veytia fue acusado de dar órdenes a agentes policiales de atacar a narcotraficantes rivales de los Beltrán Leyva en Nayarit para de esa manera proteger y auxiliar al cártel H-2.

El fiscal Veytia se declaró culpable en enero de 2019, casi dos años después de que fuera arrestado en la ciudad de San Diego tras cruzar la frontera desde México. Luego se le trasladó a Nueva York, donde se radicaba su caso: un camino muy similar al recorrido por Cienfuegos, que de Los Ángeles sería llevado a la Gran Manzana para ser juzgado por delitos casi idénticos, aunque agregado el de lavado de dinero.

Es muy lógico, por lo aquí reseñado, que parte del expediente contra el general Cienfuegos haya sido alimentado con denuncias que tuvieron origen en el juicio contra Veytia. Pero están también las revelaciones que fueron desfilando en los procesos contra Joaquín *el Chapo* Guzmán Loera, Jesús Reynaldo *el Rey* Zambada y Vicente Zambada Niebla, *el Vicentillo*, que abarcan miles de páginas y tienen cientos de grabaciones de llamadas telefónicas intervenidas. Faltarían además los testimonios de Edgar Valdés Villarreal, *la Barbie*, y de Sergio Enrique Villarreal Barragán, *el Grande*, entre otros. Ellos están en territorio estadounidense, disponibles para nuevas denuncias, aunque en el pasado han revelado ya la entrega corrupta de sobornos a jefes militares y policiacos.

Por la gravedad de las acusaciones mismas y por el rango de los personajes involucrados, que tienen talla de exsecretarios de Estado como Genaro García Luna y el general Salvador Cienfuegos Zepeda, a cualquiera le hubiera parecido sumamente difícil que pudieran surgir huecos o inconsistencias capaces de derrumbar cualquiera de este par de casos iniciados por el Gobierno de los Estados Unidos y que, a falta de pruebas suficientes, alguno de ellos quedara en libertad. Sin embargo, la realidad superó esas expectativas al ser exonerado en México el general Cienfuegos el 14 de enero, 90 días después de su insólito arresto en Los Ángeles, California.

Signo de la convicción existente detrás de esta embestida de la justicia estadounidense eran la vehemencia implacable de ambos arrestos y la negativa rotunda para que los altos personajes mexicanos tuvieran alguna posibilidad de libertad bajo fianza. Podrían huir de los Estados Unidos y evadir a la justicia, concluyeron jueces y fiscales cuando rechazaron incluso el depósito de fianzas por dos millones y por 750 mil dólares, respectivamente, ofrecidas por los abogados de los acusados.

Para el caso de Edgar Veytia, la revista *Proceso* y Maurizio Guerrero reprodujeron una crónica detallada del *modus operandi* del fiscal nayarita, apodado el Diablo, y a quien se atribuye haber tenido tanto o más poder que el gobernador que lo nombró, el priista Roberto Sandoval. La crónica es resultado del trabajo de investigación de Mexicanos contra la Corrupción y la Impunidad (MCCI) y fue dada a conocer en agosto de 2019:

> *Los nayaritas supieron lo que era vivir en el infierno, mucho antes de que en Estados Unidos hicieran público que, en el mundo del crimen organizado, al exfiscal de Nayarit, Édgar Veytia lo apodaban "El Diablo".*
>
> *Poco a poco salen a la luz las historias de terror, desaparición de personas, secuestro, extorsión, levantones y asesinatos sufridas por comerciantes, dueños de terrenos que fueron obligados a pagar derecho de piso o malbaratar sus tierras.*

A continuación, MCCI ofrecía testimonios de comerciantes que se atrevieron a enfrentar a Vieytia, ya preso en los Estados Unidos. Pagos por derecho de piso, secuestros, amenazas de muerte y asesinatos se multiplicaron en Nayarit, cuando de jefe de Policía Vieytia pasó a ser fiscal estatal.

La Oficina de Control de Activos del Departamento del Tesoro de los Estados Unidos (OFAC, por sus siglas en inglés) incluyó al exgobernador Roberto Sandoval en una lista negra por estar involucrado con el cártel Jalisco Nueva Generación (CJNG), a quien permitió una creciente presencia en Nayarit mediante sobornos. En México, simultáneamente, se abrieron 28 carpetas de investigación, 11 contra Sandoval y 17 contra Vieytia, arrestado desde 2017 en el país vecino.

Cuatro años después, el 1°. de marzo de 2021, un juez federal emitía orden de aprehensión en contra del que fuera jefe de Veytia y gobernador de Nayarit, Roberto Sandoval Castañeda, y su hija Lidy Alejandra Sandoval López, por operaciones con recursos de procedencia ilícita, con base en pruebas aportadas por la Fiscalía General de la República y la Subprocuraduría Especializada en Delitos Federales, "por una cantidad desmesurada de operaciones reportadas en detrimento económico de las finanzas públicas de Nayarit".

Se investigaba a Sandoval también por nexos con grupos de la delincuencia organizada y se pidió a la Interpol emitir una ficha roja para la localización del exgobernador y su hija, quienes posiblemente habrían huido al extranjero.

Sandoval se hizo de propiedades, al igual que su fiscal Édgar Veytia, mediante amenazas y presiones contra los dueños, pero adquirió otras muchas a nombre de su hija, quien era todavía una estudiante universitaria y no tenía capacidad económica para pagarlas, informó la FGR. Ya antes la Fiscalía General del estado de Nayarit había girado orden de arresto en contra del exgobernador por los delitos de enriquecimiento ilícito, peculado y cohecho. Desde entonces se volvió ilocalizable y mediante la ficha roja de Interpol se le rastreará en más de 190 países.

Desde que todavía era gobernador Sandoval, existe una Promotora de la Comisión de la Verdad en Nayarit, la cual ha documentado y dado seguimiento a denuncias de ciudadanos y grupos por despojos, tortura, extorsión, enriquecimiento ilícito, peculado, uso indebido de funciones, desvío de recursos públicos y otros delitos presuntamente cometidos por el político durante su mandato. Hay 16 carpetas de investigación abiertas en su contra y ya le fueron aseguradas al menos cinco propiedades.

Desde los Estados Unidos, el secretario de Estado Michael Richard Pompeo anunció que se hacía la designación pública del exgobernador Sandoval "por su presunto involucramiento en casos significativos de corrupción", pero también por haber recibido sobornos de los grupos traficantes Cártel Jalisco Nueva Generación y los Beltrán Leyva, por brindarles información y protección para sus actividades ilícitas.

En la misma condición de "inelegibles" para recibir visas estadounidenses fueron nombrados sus familiares inmediatos: su esposa Ana Lilia López Torres y sus hijos Lidy Alejandra y Pablo Roberto Sandoval López. Se trata de "un fuerte mensaje de que Estados Unidos está comprometido a luchar contra la corrupción sistemática en México" y apoya al pueblo mexicano en su lucha contra los corruptos, declaró Pompeo.

Inmediatamente después de la declaración del secretario de Estado, la Unidad de Inteligencia Financiera de la Secretaría de Hacienda y Crédito Público congeló 42 cuentas bancarias conectadas con el político nayarita y su familia. Sandoval ya fue inhabilitado por el Congreso de Nayarit para volver a ocupar cargos públicos por al menos 12 años.

Ya la propia UIF había bloqueado las cuentas bancarias de Sandoval y su familia, en mayo de 2019, pero un juez federal le concedió un amparo para que le fueran devueltas. México actuó después de que el Departamento del Tesoro estadounidense señalara los vínculos corruptos del exgobernador con el CJNG y sus socios Los Cuinis.

La Oficina para el Control de Activos Extranjeros (OFAC, por sus siglas en inglés) designó a cuatro empresas ilícitas de la familia Sandoval, cuyos integrantes "siguen disfrutando de los beneficios corruptos" de esas firmas, a saber: Bodecarne, S. A. de C. V., Ivari (almacén de ropa y accesorios), L-Inmo, S. A. de C. V. (bienes raíces) y Principio de Dar (fundación sobre tenencia de la tierra).

La propia OFAC señaló también al magistrado mexicano Isidro Avelar Gutiérrez por haber recibido sobornos, supuestamente, de parte del CJNG y de Los Cuinis para que les proporcionara fallos judiciales favorables para varios de sus cómplices y capos de la delincuencia organizada.

Estados Unidos ha encabezado un par de batidas de detenciones internacionales, congelamiento de cuentas bancarias y hallazgo de empresas fantasma en contra de los dos grupos mencionados, ambas en 2020: Operación Pitón y Operación Agave Azul. El líder del CJNG, Nemesio Oseguera Cervantes, apodado el Mencho, continúa libre y activo. No obstante, su hijo Rubén Oseguera González, el Menchito está preso y ya extraditado a los Estados Unidos desde comienzos de 2020. También su cuñado y fundador de Los Cuinis, Abimael González Valencia, fue arrestado en México desde febrero de 2015.

¿Cienfuegos negociaba?

A principios de noviembre la pradera mediática se incendiaba y hacía prender alarmas en el entorno castrense mexicano cuando la periodista Surya Palacios difundió con detalle los intentos del general Salvador Cienfuegos y sus costosos abogados de negociar con autoridades de Estados Unidos para conseguir la libertad del militar, desechar el juicio o reducir hasta el mínimo la posible pena por cuatro cargos de narcotráfico de todo tipo de sustancias ilícitas y por lavado de dinero que se le hicieron en una Corte de Nueva York al exsecretario mexicano de la Defensa Nacional.

Para lograr una significativa reducción de una hipotética condena, y quizá hasta su liberación, tendría que pasar de declararse inocente, como lo hizo en primera instancia, a admitir algún grado de culpabilidad en el tráfico de drogas y en la cobertura corrupta al llamado cártel del H-2 en Nayarit y a sus ramificaciones en Colima y Sinaloa. La nota señalaba que su defensa había solicitado una prórroga para concentrarse en los esfuerzos para una posible nueva situación del acusado ante la Corte. Incluso se habló de que se intentaría evitar a toda costa un juicio formal.

Surya Palacios, colaboradora del portal Alto Nivel, habló de la existencia de un documento formal con esta petición dirigido a Steven M. Gold, uno de los jueces de la Corte del Distrito Este de Nueva York, firmado por el abogado del general Cienfuegos, Edward V. Sapone, en acuerdo con el fiscal del caso Ryan C. Harris.

"Están involucrados en negociaciones de declaración de culpabilidad, que creen que probablemente resultarán en una disolución de este caso sin juicio. Para ello pidieron una prórroga [una exclusión de tiempo] para concentrar los esfuerzos en las negociaciones de declaración de culpabilidad", argumentaron tanto la defensa como la parte acusadora.

Anteriormente, en la audiencia en donde se le dieron a conocer las cuatro imputaciones, y ante el mismo juez Steven M. Gold, Cienfuegos se había declarado "no culpable" de tres cargos por conspiración para manufacturar, importar y distribuir cocaína, metanfetaminas y mariguana, además de una imputación por lavado de dinero.

El caso se presentaba muy intrincado y la defensa solicitó tiempo para recabar evidencias si se le daba acceso al grueso expediente y las supuestas pruebas. Al juez le pareció suficiente un lapso de 70 días para que los defensores pudiesen preparar el proceso, se negociara o no con éxito un pacto de colaboración del acusado con las investigaciones que inició la DEA.

La defensa de Cienfuegos buscaría acordar una pena reducida e incluso una eventual liberación, todo ello a cambio de información que pudiese aportar el acusado, según los usos y costumbres del sistema judicial de los Estados Unidos. De otra manera, en el horizonte del general mexicano solo aparecía un muy prolongado proceso que podría llegar a ser muy costoso, tomando en cuenta que la defensa se haría con abogados privados, y con un final incierto.

Al final se trataría de pactar una especie de "culpabilidad por conveniencia", como se nombra en Estados Unidos aquella en la que se esté de acuerdo con la Fiscalía para que no se conozcan públicamente, ni a través de la prensa, los detalles aportados por el imputado, ni los testimonios del juicio si es que los hay. Se aclaró que una declaración de "culpabilidad por conveniencia" no implica que el acusado sea responsable de todos los delitos que se le han fincado.

Explicó Surya Palacios: "A veces el imputado no tiene cómo probar su inocencia o es muy difícil obtener pruebas de descargo y por ello prefiere [le conviene] *negociar la culpa*, para que los fiscales excluyan algunos delitos" y se pueda llegar a pactar una sentencia corta e incluso una posterior liberación condicionada.

El tecnicismo conocido como *plea agreement* (acuerdo de declaración de culpa) es un tipo de pacto para determinar qué cargos pueden ser desestimados y cuáles aceptados en última instancia, de donde derivarían las pautas para una sentencia. Solamente es posible poner en práctica este pacto si esa estrategia es avalada por el juez.

De hecho, cuando el general Cienfuegos se declaró "no culpable" lo hizo en términos de una acusación global, sin saber si podría haber en su futuro otros cargos acumulados. El juez, al negar que el exjefe de las Fuerzas Armadas de México pudiera seguir su proceso en libertad mediante una fianza ofrecida por su defensa de 750 mil dólares, sugirió que habría peligro de que evadiera la justicia y una potencial condena a cadena perpetua. No lo mencionó, pero la pena mínima, si se le impusiese, podría rondar los 10 años de prisión.

Para que el juez aceptase en algún momento avalar el *plea agreement*, los abogados deberían haber ofrecido la posibilidad de que su cliente aportara información relevante que permita extender la investigación sobre narcotráfico hacia otros implicados en esos ilícitos, muy probablemente integrantes del propio Ejército mexicano, a quienes en forma genérica la acusación original menciona como grupo de personas corruptas que estarían dispuestas a colaborar en el trasiego de drogas del cártel H-2 y en la protección a sus actividades ilícitas.

Todos estos eventuales esfuerzos de la defensa de Cienfuegos ocurrirían menos de 20 días después de que el general se declarase "no culpable" y que su defensor de entonces, Duane R. Lyons, afirmara que su cliente pretendía "combatir con vigor" los cargos que le eran imputados por la justicia de los Estados Unidos.

Se vislumbraba ya un futuro en el que el general Cienfuegos y sus abogados tratarían de desvirtuar declaraciones de personajes en prisión o de testigos protegidos en libertad carentes de fundamentos en la realidad. Impugnarían también la intercepción de comunicaciones mediante espionaje, las cuales fueron practicadas sin el respaldo de un mandamiento legal. Son precisamente grabaciones e intervenciones telefónicas algunas de las pruebas más contundentes ofrecidas por la fiscalía para apuntalar acusaciones de actividad que se presume delincuencial del exsecretario de la Defensa Nacional durante el sexenio de Enrique Peña Nieto.

Al final no hubo necesidad de tanto esfuerzo de los abogados defensores de Cienfuegos. O se trató tan solo de una maniobra de distracción, pues la metódica y bien diseñada "operación rescate" por parte del Gobierno de México logró, en tiempo récord además, que el Gobierno de Estados Unidos devolviese al general Salvador Cienfuegos a su país.

Los argumentos que esgrimieron los negociadores de la parte mexicana fueron diplomáticos y se puso énfasis en la corresponsabilidad de la relación bilateral; se colocaron sobre la mesa la necesidad de una confianza absoluta y la preservación de una buena vecindad y de un trato respetuoso y leal entre las administraciones de México y Estados Unidos. El gobierno de Donald Trump se mostró sensible ante los argumentos mexicanos que recalcaban el hecho de que ninguna agencia de inteligencia o secretaría de Estado de la administración republicana le había comunicado o siquiera aportado un indicio al Gobierno vecino de que se estaban investigando presuntos ilícitos cometidos nada menos que por el jefe del Ejército y la Fuerza Aérea mexicanos entre 2012 y 2018. Ese ocultamiento, en sí mismo, representaba una "traición" a la confianza entre países y trasgredía flagrantemente los convenios de cooperación bilateral signados incluso ante organismos multilaterales.

Tal como se desarrollaban los acontecimientos, con el general Salvador Cienfuegos ya puesto a resguardo de la Corte Este de Nueva York, se planteaba la hipótesis de que el

Gobierno mexicano diese un manotazo en la mesa y ordenara la expulsión de nuestro territorio de todos los agentes de las corporaciones de inteligencia estadounidenses —más de una docena de agencias, incluidas la DEA, el FBI, la CIA, Aduanas; los Marshalls; Alcohol, Tabaco, Armas y Explosivos (ATF); Aduanas y Protección Fronteriza; Departamento del Tesoro, Seguridad Interior, Servicio Secreto, Servicio de Entrenamiento Judicial Internacional, entre las principales— y negase toda cooperación bilateral, como las pactadas en la Iniciativa Mérida desde hacía años.

La negociación y la presión estuvieron apoyadas por la fuerza moral alegada por el gobierno de la Cuarta Transformación, uno de los últimos en el planeta en reconocer el triunfo electoral de Joe Biden, alegando principios de la Doctrina Estrada (de no intervención y autodeterminación de los pueblos), actitud que había sido bien acogida por el entonces todavía presidente Donald Trump.

El secretario de Justicia William Barr dialogó con las autoridades mexicanas y luego se ocupó de solicitar formalmente a la jueza Carol Bagley Amon, encargada del juicio a Cienfuegos, de que suspendiera todo el proceso y permitiera al general retornar a México, en donde se le juzgaría en caso de haber elementos de prueba en su contra por supuestos delitos de narcotráfico y lavado de dinero cometidos un lustro antes. Por lo pronto, la jueza aceptó desestimar los cargos en contra del general Salvador Cienfuegos y permitirle abandonar el territorio de los Estados Unidos.

En un último gesto de autoridad, la jueza preguntó al general mexicano: "¿Usted entiende que será escoltado y deportado?". "Sí, señora", respondió Cienfuegos, quien horas después aterrizaba en el aeropuerto de Toluca, hasta donde llegó escoltado por alguaciles, en efecto.

Pero en la perspectiva del canciller Marcelo Ebrard, el general Cienfuegos fue repatriado a México en calidad de "ciudadano en libertad".

Un comunicado oficial expresó la satisfacción de la Cancillería mexicana y dedicó estas palabras de felicitación al acuerdo tomado por el Gobierno de Estados Unidos: "Es una decisión que vemos con simpatía y que pensamos que es positiva. No la vemos como un camino a la impunidad, sino como un acto de respeto".

La jueza Carol B. Amon confirmó que la decisión de no proseguir el proceso contra Cienfuegos se tomó en el nivel más alto del Ejecutivo estadounidense y ella creyó conveniente acogerse a la recomendación del gobierno de Donald Trump. Así expresó su aceptación:

Aunque estos son cargos muy graves contra una figura muy significativa, no tengo ninguna razón para dudar de la determinación del Gobierno de Estados Unidos y de que en México las autoridades judiciales continúen con la investigación y el posible procesamiento de este acusado. No hay indicios de que en esta solicitud se esté haciendo algo de mala fe o de que vaya en contra del interés público, por lo que otorgaré mi venia a la solicitud.

Cienfuegos se fue a casa en cuanto llegó a su país. Mostró su deseo de cooperar en todo lo que le soliciten las autoridades durante una eventual investigación sobre sus presuntas actividades ilícitas. En el momento de retornar a México, el 18 de noviembre, obtuvo su libertad, pues aquí no existe alguna acusación formal en su contra. Sería después de estudiar el expediente que Washington remitió al Gobierno mexicano que la Fiscalía General de la República decidiría el camino a seguir.

El canciller Ebrard insistió en que el compromiso que hizo el Gobierno de México ante Washington fue investigar a fondo y no permitir impunidad para nadie, del nivel que sea.

Seis semanas después, el 30 de diciembre, aparecía una curiosa nota en *La Jornada*, cuyo encabezado señalaba: "En México todavía no hallan pruebas contra Salvador Cienfuegos", en la que se afirmó que el Gobierno hizo ya una segunda evaluación patrimonial y financiera en los bienes y cuentas bancarias del exsecretario de la Defensa Nacional, en la que no aparecieron irregularidades.

Por los conductos diplomáticos, la Fiscalía General de la República pidió que Estados Unidos describiera la forma en que llegó a identificar al personaje apodado el Padrino con el general Cienfuegos, dado que en el expediente acusatorio que recibió la Subprocuraduría Especializada en Delincuencia Organizada no se menciona al alto militar por su nombre, sino solo con ese alias y supuestamente comprometido con el H-2, Juan Francisco Patrón Sánchez, el abatido líder de una fracción del cártel de los Beltrán Leyva en Nayarit.

Cuando el general Cienfuegos llegó desde Estados Unidos al aeropuerto de Toluca, el 18 de noviembre, fue tratado con deferencia y solamente permaneció 24 minutos —de las 18:48 a las 19:12, según la cronología que publicó el diario *Milenio*— en lo que se cumplía la entrega del militar al Gobierno de México, se le practicaba un examen médico y un agente del Ministerio Público Federal le comunicaba que se había abierto un expediente de investigación sobre su caso. El exsecretario de la Defensa Nacional se dio por notificado y se puso a disposición de la autoridad de la Fiscalía para el momento en que se le requiriera. Enseguida obtuvo su libertad al no haber cargo alguno en su contra.

El mismo diario entrevistó horas después al exjefe de Operaciones Internacionales de la DEA, Mike Vigil, quien habló de la liberación de Cienfuegos como "sorprendente e impactante", como "una mala señal porque va a prevalecer la impunidad". No se trata de un triunfo para el Gobierno de México: "Esto se trata de impunidad y es una violación enorme al imperio de la ley".

Según Vigil, la investigación por años de la DEA sobre el general mexicano incluyó intercepciones telefónicas en las que apareció el Padrino. Aunque la DEA ya sabía de quién se trataba, en una ocasión alguien veía la televisión en la oficina y dijo: "Mira, allí está el Padrino". Y era el general Cienfuegos.

Los cargos por narcotráfico y lavado de dinero a Cienfuegos en Estados Unidos estaban bien documentados, dijo. "Se me hace raro que le van a quitar los cargos aquí en Estados Unidos y mandarlo a México, donde ni siquiera han investigado a Cienfuegos y no tiene acusaciones en su contra. Entonces esta situación es un regalo, poquito antes de Navidad, del presidente Trump al presidente López Obrador, regalo que es resultado de que el presidente López Obrador se ha dejado presionar por Trump en el asunto de migración, porque a Trump le importa poco que las drogas estén entrando a los Estados Unidos".

Mandando a Cienfuegos a México "no creo que vaya a haber nada sobre el caso", dijo Vigil, y pronosticó que el general sería liberado. Y que eso mandará un mensaje para otros oficiales que se mueven en actividades corruptas de que nada les va a pasar.

"Es un día muy triste para ambos países", concluyó.

Coperacha para su defensa

En momentos en que se ignoraban las negociaciones del más alto nivel entre los gobiernos de México y los Estados Unidos, aquí el Partido Revolucionario Institucional (PRI) fracasó en su intento por convencer a la Cámara de Diputados de aprobar un punto de acuerdo para que el Gobierno mexicano, a través de la Secretaría de Hacienda, pagase la defensa del general Salvador Cienfuegos en los Estados Unidos en atención a su medio siglo de servicio a las Fuerzas Armadas. Mientras tanto, un grupo de militares anunció que iniciaría una colecta de fondos, una coperacha para cubrir los gastos de la defensa del exfuncionario mexicano.

La propuesta priista suponía garantizar la protección consular y el respaldo económico al general Cienfuegos, sufragando los gastos del proceso jurisdiccional, "mientras no sea declarado culpable por la justicia mexicana".

Cuestionado sobre el tema, el presidente Andrés Manuel López Obrador aclaró que existe la asistencia consular cuando hay mexicanos que son detenidos y enjuiciados en el extranjero, pero algo muy distinto es que el Gobierno pueda utilizar recursos públicos para en algún momento defender a un personaje acusado de delitos en otro país. Por esa razón Cienfuegos no recibiría ayuda económica oficial para sufragar los gastos de su proceso en Estados Unidos. "No se puede utilizar dinero del presupuesto para pagar la defensa de los detenidos por delitos" en aquel país.

Sugirió en cambio el mandatario mexicano, en gira por Oaxaca, que funcionarios de la DEA informasen sobre su participación en operativos conjuntos con los exfuncionarios mexicanos Genaro García Luna y Salvador Cienfuegos Cepeda. El Gobierno mexicano tenía acuerdos y planes conjuntos con la DEA y la agencia "estaba completamente metida también en la Secretaría de Marina", mencionó, mientras ya su gobierno negociaba con la administración Trump la devolución del general Cienfuegos a México.

Indudablemente la gente de la DEA convivió tanto con García Luna como con Cienfuegos, detalló. "¿Y ellos no tuvieron, por ejemplo, responsabilidad en la introducción de las armas a México en el Operativo Rápido y Furioso, que fue una propuesta, un diseño aplicado desde Estados Unidos? ¿Por qué solo se acusa y se involucra a quienes han participado en estos hechos en México y ellos no hacen una autocrítica, una reflexión de toda la intromisión de esas agencias en México? Porque sin duda ellos operaban, entraban con absoluta libertad al país, hacían lo que querían. Claro, los gobiernos (del PAN y el PRI) se los permitían". ¿Por qué se aceptó que metieran armas para de esa forma enfrentar a la delincuencia organizada, armas que se salieron de control y que causaron la muerte de muchos?, se preguntó sobre ese plan gubernamental conjunto entre México y Estados Unidos que se les escapó de control y dañó la relación. Estuvo muy mal lo que hicieron los gobernantes mexicanos, "porque no se debe permitir que extranjeros intervengan en asuntos que solamente corresponden a los mexicanos; no se cuidó la soberanía de nuestro país".

Aun si se demuestra que el exsecretario está involucrado, aunque resultara culpable —supuso sin conceder—, "no es lo mismo el general Cienfuegos que una institución como la Secretaría de la Defensa Nacional". No habrá una limpieza en el Ejército solo porque detuvieron a Cienfuegos. México es un país independiente, soberano. Falta que Estados Unidos demuestre la culpabilidad del exsecretario, se explayó en sus argumentos el presidente de la República.

Así como no había investigación abierta contra el exsecretario por su presunta complicidad con capos del narcotráfico, tampoco se había iniciado averiguación alguna por irregularidades del Ejército en la construcción de obras propias y otras externas para las que ha sido contratado desde hace años, incluido el Consejo de la Judicatura Federal.

Desde su conferencia mañanera, el presidente Andrés Manuel López Obrador ordenó desclasificar el documento y dar a conocer públicamente la nota diplomática que la Cancillería envió a los Estados Unidos en torno a la detención del general Salvador Cienfuegos. Apenas expresada la anuencia presidencial, el director para América del Norte de la Secretaría de Relaciones Exteriores, Roberto Velasco Álvarez, la difundió en su cuenta de Twitter. "Y espero que ya pronto la Fiscalía informe sobre este tema", indicó el mandatario.

Esta es la carta enviada el 28 de octubre por la Cancillería al Gobierno de los Estados Unidos a través de su representación diplomática aquí, en la cual se expresa el extrañamiento por la secrecía con la cual se investigaba al exsecretario de la Defensa Nacional:

La Secretaría de Relaciones Exteriores —Dirección General para América del Norte— saluda atentamente a la Embajada de los Estados Unidos de América en México, y hace referencia a la información relativa a la detención del C. Salvador Cienfuegos Zepeda, ocurrida el 15 de octubre de 2020 en la ciudad de Los Ángeles, California.

Al respecto, la Secretaría de Relaciones Exteriores manifiesta su profundo extrañamiento por la falta de información sobre la investigación que condujo a la detención del nacional mexicano. El Gobierno de México se permite destacar que, de conformidad con los instrumentos suscritos por ambos países y los acuerdos de cooperación en materia de seguridad, la relación con el Gobierno de Estados Unidos se caracteriza por la existencia de sólidos lazos de confianza y cooperación, por lo que sorprende a este gobierno que se hayan solapado los mecanismos formales de intercambio de información y cooperación disponibles en el caso en comento.

La Secretaría de Relaciones Exteriores hace válida la ocasión para reiterar a la Embajada de los Estados Unidos de América en México la seguridad de su más alta y distinguida consideración.

El "profundo extrañamiento" expresado por el Gobierno mexicano surtió el efecto buscado. Al final el Gobierno de Estados Unidos atendió la queja por esta falta de respeto y de cumplimiento de aquello que caracteriza a la relación entre estas naciones separadas por una frontera de más de 3 mil kilómetros: "sólidos lazos de confianza y separación", mismos que brillaron por su ausencia.

Para colmo, Washington, su Departamento de Estado y su Departamento de Justicia hicieron caso omiso de los "mecanismos formales" de intercambio de información y cooperación "disponibles" por la justicia mexicana para el caso específico del general Cienfuegos. Vaya: simplemente ignoraron al país de donde procedía tan relevante acusado de graves delitos como narcotráfico, lavado de dinero y venta de protección, mediante sobornos, a un grupo criminal.

Sin mencionarlo, para cuando la Cancillería aludió al tema, ya se cumplían años de la investigación abierta en Estados Unidos en contra del exsecretario de la Defensa Nacional e incluso se había enviado oficialmente su expediente, con las conclusiones acusatorias, a una Corte. A México simplemente se le mantenía ignorante de tan grave situación. Y ello provocaba enorme molestia de las autoridades mexicanas. Como si por encima de los acuerdos y tratados bilaterales de cooperación privaran la desconfianza y la falta de credibilidad en la justicia de nuestro país.

La respuesta de Washington fue rápida. Ya el 30 de octubre, dos días después de la carta de la Cancillería, aquí llegaba un oficio de la DEA sobre la investigación misma.

Y el 11 de noviembre se envió a la Fiscalía mexicana el cúmulo de evidencias que había valorado el Departamento de Justicia para ordenar la detención del general Cienfuegos.

Del extrañamiento y del reclamo por obviar el buen trato bilateral entre nuestros países, el Gobierno mexicano pasó a la ofensiva, mediante una negociación que implicaba el retiro de los cargos al general para que fuera devuelto a su país y, de ser el caso, que fuera investigado y después procesado por la justicia mexicana.

Los argumentos seguían siendo los mismos: el respeto bilateral, el cumplimiento de acuerdos específicos de cooperación, la corresponsabilidad en temas de alto impacto. Pero México dio un paso adelante en el Congreso: el presidente López Obrador envió una iniciativa de ley para limitar la presencia de agentes de la DEA —esos que no querían cooperar ni compartir sus propias investigaciones— en territorio mexicano.

Dicha reforma legal terminó por aprobarse dentro de la Ley de Seguridad Nacional, el 15 de diciembre, para obligar a los agentes de otros países con presencia en México a compartir sus informaciones con las autoridades del país anfitrión. La reforma prohibía a los agentes extranjeros que en el futuro pudieran arrestar a personas, de cualquier nivel, civiles o militares, y endurecía las exigencias para autorizar la portación de armas. Los agentes extranjeros no cuentan con inmunidad judicial alguna y pueden simplemente ser expulsados ellos y sus agencias cuando se compruebe que están quebrantando las leyes de nuestro país.

En diciembre el Senado decidió establecer "la obligación de los agentes del extranjero de poner en conocimiento de las autoridades mexicanas la información que encuentren en el ejercicio de sus funciones, por conducto de la Secretaría de Relaciones Exteriores", y presentar informes mensuales en las materias a investigar según los convenios establecidos de cooperación bilateral. Toda información que recaben esos agentes investigadores de otros países deberá ponerse en conocimiento del Gobierno mexicano. Por 72 votos a favor y 14 en contra, los senadores estipularon que, si cometen algún delito, los agentes extranjeros serán sancionados penalmente según las leyes mexicanas. "Se propone que las y los agentes extranjeros no tengan ninguna inmunidad en caso de incurrir en la comisión de delitos o infracciones o por infringir las disposiciones normativas que prohíben a personas extranjeras el ejercicio de funciones reservadas a las autoridades mexicanas".

Las reacciones desde los medios y las autoridades estadounidenses no tardaron en producirse en contra de esta toma de control sobre la acción de los agentes extranjeros. Para algunos se trató de una "represalia" del Gobierno mexicano por la detención sin aviso del general Salvador Cienfuegos.

"La impactante detención del general Cienfuegos llevó a López Obrador a cuestionar el papel de la DEA, describiéndola como una agencia deshonesta que pisotea la soberanía mexicana", expresaron analistas de *The Wall Street Journal (WSJ)*. Para ellos, las restricciones a las operaciones de agentes extranjeros tienen dedicatoria para la DEA y otros agentes policiales estadounidenses.

El fiscal general William Barr, el mismo comisionado por Donald Trump para negociar el retorno del general Cienfuegos a México, mediante un desistimiento de la Corte Este de Nueva York a petición del Ejecutivo, mostró su preocupación respecto de una ley que podría poner en peligro el futuro de la cooperación en seguridad entre ambos países.

Nos preocupa la legislación que se encuentra actualmente ante el Congreso mexicano, que tendría el efecto de hacer menos seguros a los ciudadanos de México y los Estados Unidos. La ley solo puede beneficiar a las violentas organizaciones criminales trasnacionales contra las que estamos luchando.

La nueva legislación, según el *wsj*,

ordena a los funcionarios locales, estatales y federales de México a que informen al gobierno nacional sobre cada llamada telefónica, reunión o comunicación con un agente extranjero dentro de los tres días posteriores a su ocurrencia. Y los agentes extranjeros deben reportar al gobierno cualquier información que obtengan y proporcionar informes mensuales de sus actividades.

Además de que se elimina la inmunidad diplomática con que los agentes operaban.

The New York Times calificó a la reforma legal como "una clara represalia a los Estados Unidos" generada por el arresto del general Salvador Cienfuegos. Esa legislación "paralizará las investigaciones que estaban en curso", opinó un alto oficial estadounidense bajo anonimato. Con ello, "la violencia y el flujo de drogas desde México hacia los Estados Unidos podrán aumentar".

La Sedena crea empresas fantasma

Más allá de la polémica provocada por la suspensión de un juicio contra un exsecretario de la Defensa Nacional mexicano en los Estados Unidos, tanto el personaje como la investigación fueron entregados a México, cuyo sistema de procuración e impartición de justicia se comprometió a profundizar en las indagatorias de posibles nexos y complicidades del alto mando con el narcotráfico. Al final, la Fiscalía General de la República ni siquiera inició aquí una averiguación previa o una carpeta investigativa en contra del general Salvador Cienfuegos Cepeda.

Pero en otro terreno lejano del narco, en esa su reciente faceta de constructor de obra pública, se ha confirmado que el Ejército mexicano se comporta con extrema opacidad y ha desviado recursos del erario de manera tan constante como algunos particulares.

Según reportó la corresponsal Zorayda Gallegos, del diario español *El País*, solamente entre 2013 y 2019 la Secretaría de la Defensa Nacional canalizó unos 156 millones de dólares (más de 2 371 millones de pesos) hacia empresas inexistentes. Sin embargo, "ninguno de los altos mandos de la Sedena que autorizaron las compras ha sido sancionado por las operaciones, en las que se emplearon unas 250 compañías".

La información, publicada en agosto de 2020, señala que la Sedena recurrió a las llamadas "factureras", empresas que emiten comprobantes fiscales para amparar operaciones simuladas, inexistentes o ficticias. El Servicio de Administración Tributaria (SAT) detectó a 250 de esas firmas como fantasmas. Todo ello ocurrió a pesar de que el gobierno de Andrés Manuel López Obrador declaró la guerra a estas factureras, pero los representantes de la milicia constructora no han sido tocados por alguna investigación oficial de relevancia.

El desvío no es circunstancial y tampoco se trata de casos excepcionales, pues han aparecido más de 11 mil comprobantes digitales apócrifos, según la base de datos que la Administración General de Servicios al Contribuyente entregó a la corresponsal.

Se trata de facturas que amparan bienes y servicios contratados por la Sedena para instalaciones castrenses, tales como campos, cuarteles y guarniciones en las diversas zonas militares en el país, en el Heroico Colegio Militar, el Museo Nacional de la Cartografía, un parque eólico en el Istmo de Tehuantepec, el Centro de Atención Social para Militares Retirados, la base aérea de Santa Lucía, la Escuela Militar de Sargentos, la Dirección General de Administración y el ya cancelado aeropuerto de Texcoco, en donde el Ejército se encargó de construir la barda perimetral y trabajos de relleno y aplanado de las áreas que serían destinadas a pistas de aterrizaje.

La Sedena también usó empresas fantasma en trabajos de mejoras en carreteras o caminos rurales que conectan a sus cuarteles y en obras de mantenimiento o adecuación de sus bases aéreas, prisiones, juzgados, centros de justicia, unidades habitacionales, cafeterías, centros deportivos, estacionamientos, gimnasios, museos, centros de desarrollo infantil y en 15 hospitales militares:

El Militar de Zona en Ixtepec (Oaxaca), el Militar Regional de Puebla (Puebla), el Hospital de Zona del Campo Militar 1 en Naucalpan (Estado de México), el Regional de Especialidades en Mérida (Yucatán) y la Unidad Médica de Consulta Externa del Colegio Militar entre otros.

Ni compras en áreas de salud se salvan de estos mecanismos de simulación: medicamentos, insumos para curación y servicios clínicos fueron supuestamente suministrados por unas 30 empresas fantasma durante 15 años.

Sesiones de masaje e hidratación, adquisición de playeras y medallas para eventos deportivos consumieron más de 50 millones de pesos pagados a las también inexistentes Advertising and Digital Effects y Producciones Siehj.

Lo mismo materiales de construcción que artículos de papelería y limpieza, uniformes, botas, cortinas, chalinas, chalecos de seguridad, sábanas, llantas, luminarias o losetas; renta de andamios, viajes de pipas con agua, acarreo de escombro, renta de equipo de cómputo e impresión, colocación de ventanas, servicios de lavandería, mantenimiento a plantas eléctricas y de aguas residuales, todo un mundo de compras y arrendamientos se registraba, por ejemplo, durante 2013 cuando se desviaron así 619 millones de pesos.

Es sumamente complicado que la Sedena aplique sanciones a quienes desviaron fondos o presentaron facturas falsas, dijo Irene Tello, directora de la organización Impunidad Cero a *El País*:

Dentro de las Fuerzas Armadas hay un órgano interno de control que es la autoridad encargada de determinar si se cometió una falta administrativa por parte de algún servidor de la institución. Lo que sé es que el titular de ese órgano también es militar, lo que lleva a cuestionar qué tan efectivos son esos controles y son los tribunales castrenses los únicos competentes para investigar los delitos que atenten contra la disciplina militar. Allí creo que se produce el incentivo perverso de que son ellos los que determinan qué es corrupción y qué no y cómo sancionar.

Esa es quizá la razón que explica por qué solo una media docena de encargados de autorizar pagos en niveles inferiores fueron sancionados o inhabilitados por un mes, tres, máximo seis meses. Aun así el Ejército seguirá en sus tareas de constructor e incluso este gobierno anunció la creación de una empresa militar que se hará cargo de tareas ya encomendadas a los uniformados, como el aeropuerto de Santa Lucía y la construcción de dos tramos del Tren Maya.

El 12 de enero de 2021 el diario *Reforma* publicaba como encabezado principal: "Rebasa Sedena gasto de 8 secretarías juntas", aludiendo al cúmulo de tareas asignadas al Ejército por el gobierno de la 4T, pues los fondos asignados en 2018, que eran de 81 mil millones de pesos, pasaron a ser más de 112 500 millones, un incremento de casi 39 por ciento.

Ese presupuesto equivalía al gasto del que dispondrían, el mismo 2021, las secretarías de Marina, Gobernación, Relaciones Exteriores, Cultura, Función Pública, Economía, Trabajo y Desarrollo Territorial y Urbano. De hecho la Sedena solamente era superada en presupuesto por Educación Pública, Bienestar y Salud (en plena pandemia de coronavirus).

Durante el gobierno de Felipe Calderón se asignó un promedio anual de 43 mil millones al Ejército, que llegaron a 70 mil con Enrique Peña Nieto y alcanzaban en cada uno de los tres primeros años de Andrés Manuel López Obrador más de 100 mil millones. Junto con el aumento de funciones y presupuesto, "el poder militar también crece", opinó la investigadora Catalina Pérez Correa, del Centro de Investigación y Docencia Económica (CIDE).

El Consejo de la Judicatura Federal también empleó los servicios del ejército constructor para erigir el edificio de Poder Judicial de la Federación en San Bartolo Coyotepec, Oaxaca. Para la primera etapa de la obra por 285 millones de pesos, una vez transferidos los recursos, la Sedena subcontrató a proveedores y empresas que ejecutaran los trabajos; fue, pues, una simple intermediación en la que tres de las subcontratadas inexistentes recibieron millones por supuesta renta de maquinaria.

Por lo que respecta a la barda perimetral de la terminal aérea del suspendido Aeropuerto Internacional de Texcoco, la Secretaría de la Defensa Nacional firmó un contrato como empresa constructora, subrogó los trabajos a otras empresas —algunas eran fantasmas— y casi duplicó el costo original de las obras luego de modificar los términos del contrato hasta en cuatro ocasiones.

La Sedena ha contado con la colaboración del Instituto Nacional de Transparencia, Acceso a la Información Pública y Protección de Datos Personales (INAI) para ocultar contratos, facturas y otros documentos emitidos durante la realización del proyecto, reveló el periodista Sebastián Barragán, de *Aristegui Noticias*, en mayo de 2018, pese a lo cual se supo que el costo original de 1 547 millones de pesos pactado con el Ejército se elevó a 2 930 millones y la barda perimetral se entregó año y medio después de lo acordado. Al iniciar los trabajos no había siquiera un proyecto ejecutivo y se iban modificando tramos de la barda "conforme a las necesidades de última hora de empresas proyectistas o de otras dependencias públicas como la Comisión Nacional del Agua".

La Auditoría Superior de la Federación concluyó, al revisar el ejercicio de la mitad de la inversión, que la Sedena no pudo comprobar el gasto de unos 400 millones de pesos. Resoluciones del INAI contribuyeron a que no se obligara a la milicia a transparentar los contratos y facturas mediante los cuales se materializó el proyecto aeroportuario.

Barragán detalló cómo, entre 111 contratistas, se registró ante la autoridad el nacimiento de dos empresas contratadas por la Sedena con apenas tres minutos de diferencia el 11 de marzo de 2014, ante el notario público 128 de Puebla, Jaime Juárez Hernández: Constructora Camino Real del Valle y Constructora Los Cuatro Príncipes. Ese mismo notario otorgó escrituras a ambas constructoras y colocó como socios a dos jovencitos residentes en Oaxaca, Carlos Alexis y Dinoraht Miccel, con solamente 20 y 21 años respectivamente.

Entrevistado por el periodista, el joven Carlos Alexis se mostró extrañado de aparecer como directivo de una empresa y que sus datos personales aparecieran en Puebla, sitio que jamás visitó. Sus datos fueron tomados, al parecer, del Programa de Empleo Temporal con el que la Secretaría de Desarrollo Social otorga beneficios a población carente de ingresos o que fue afectada por fenómenos naturales. La joven Dinoraht también forma parte de ese padrón de ayudas sociales. Uno y otro, con "sus empresas", habrían vendido materiales por más de 10 millones de pesos a la Sedena, sin que se conozcan detalles de las transacciones fantasma realizada en el papel nada más.

Camino Real del Valle y Los Cuatro Príncipes no tienen un solo contrato con alguna otra empresa particular o pública. Fueron creadas para el fin único de desviar pagos inventados. Ambas aparecen en la lista de proveedores del Gobierno de Baja California Sur, con falso domicilio en la colonia Rosarito, de San José del Cabo (a cientos de kilómetros de Puebla), pero igualmente sin ser titulares de algún contrato de obra.

Ni el Grupo Aeroportuario de la Ciudad de México ni la Secretaría de la Defensa Nacional hallaron en sus archivos los contratos, facturas y otra documentación suscrita por esas dependencias. No valieron recursos de revisión presentados ante el INAI, pues búsquedas subsecuentes dieron el mismo resultado: la inexistencia de los compromisos formales, respuesta que fue dada por buena en cinco resoluciones oficiales, ante otras tantas inconformidades argumentadas por el medio informativo.

Los consejeros que protegieron con sus votos de cualquier impugnación al Ejército fueron Javier Acuña, Joel Salas, Monterrey Chepov, Óscar Guerra Ford y Ximena Puente, con lo cual, concluyó el periodista Barragán, el organismo de transparencia colocó un sello oficial de opacidad a la obra de la nueva terminal aérea en lo que respecta a las irregularidades de la Sedena. Únicamente las comisionadas María Patricia Kurczyn y Areli Cano exigieron nuevas búsquedas de los papeles "extraviados".

Lo que sí quedó claro, en alguna de las respuestas que se dignó dar la Defensa Nacional, es que en la obra solo estaban trabajando y presentes tres militares.

La pregunta o requerimiento número uno de la solicitud de información rezaba textualmente: "Solicito que enliste el número de trabajadores utilizados para la construcción de la barda perimetral del nuevo aeropuerto de la Ciudad de México y que aclare si fue personal de la dependencia o (se contrató a) trabajadores externos".

La respuesta no deja lugar a dudas: "Por parte de esta Secretaría laboran en la obra que refiere únicamente 3 (tres) militares".

El contrato se había pactado por administración directa. Es decir, que "bajo ninguna circunstancia podrán participar terceros como contratistas, sean cuales fueren las condiciones particulares, naturaleza jurídica o modalidades que éstos adopten".

En la realidad hubo empresas proyectistas y constructoras que se encargaron de realizar todo el trabajo. Los responsables máximos en el papel eran Gerardo Ruiz Esparza, secretario de Comunicaciones y Transportes, y el general Salvador Cienfuegos, secretario de la Defensa Nacional. Pero quien más cobró fue precisamente la Sedena.

Además de restaurar trabajos que dejó inconclusos en el hangar presidencial la empresa Higa, propiedad de Armando Hinojosa Cantú (amigo del presidente Enrique Peña Nieto y dueño de la Casa Blanca de las Lomas de Chapultepec de la pareja presidencial), la Sedena obtuvo otro contrato por 1 346 millones de pesos por "limpieza, nivelación e instrumentación geotécnica para la construcción del sistema de precarga de la Pista 6 y calles de rodaje del Nuevo Aeropuerto Internacional de la Ciudad de México".

Si algo caracterizó la adjudicación de obra pública durante el sexenio de Enrique Peña Nieto fue un sistema de compadrazgos, amiguismos y relaciones político-empresariales privilegiadas. No hay duda alguna de que el constructor de las preferencias de Enrique Peña Nieto desde que era gobernador del Estado de México era Juan Armando Hinojosa Cantú, uno de los empresarios mexicanos que utilizó los servicios de Mossaack Fonseca para triangular millones de dólares fuera de México, mediante empresas *off-shore* instaladas en paraísos fiscales, según investigaciones que hicieron periodistas de varios países en el caso de los llamados Panama Papers.

Los traslados de capitales se realizaron por Juan Armando Hinojosa Cantú mientras en nuestro país se desarrollaba una de las más descaradas simulaciones, cuando el presidente Peña nombró a Virgilio Andrade al frente de la

Secretaría de la Función Pública desde donde teóricamente analizaría y dictaminaría la existencia de conflictos de interés entre el empresario y el mandatario por el "préstamo" de la Casa Blanca de las Lomas de Chapultepec que, apareciendo a nombre de la primera dama Angélica Rivera, había sido ya decorada y ocupada por la pareja habitante de Los Pinos y era rigurosamente vigilada por el Estado Mayor Presidencial.

Cien millones de pesos como inversión inicial eran solamente la apertura del portafolios económico de Hinojosa Cantú que aparecía en los Panama Papers, con promesa explícita de hacer crecer la capitalización de sus empresas *off-shore*.

Como también se permitía a los proyectistas y constructores en virtualmente toda la obra pública, en la edificación del hangar presidencial se hicieron cambios de última hora y estas modificaciones implicaban actualización de los tiempos y la inversión, de tal manera que los costos que se habían programado en principio fácilmente podrían llegar a duplicarse. Esas extensiones en el tiempo y en la inversión eran precisamente lo que pactaban Hinojosa y gobierno cuando todavía el empresario era investigado por el conflicto de interés.

Con el grupo Higa, de Hinojosa Cantú, y su filial Concretos y Obra Civil del Pacífico, también participaron SGS de México (que había supervisado la construcción del Viaducto Bicentenario a cargo de la española OHL) y el despacho Búnker Arquitectura, todas con antecedentes de gran cercanía con el Gobierno mexiquense y luego con la Presidencia de la República.

El hangar presidencial terminó de tasarse en unos 1 182 millones de pesos, muy por encima de los costos propuestos inicialmente por 685 millones. Albergaría al avión adquirido por Presidencia, un Dreamliner 787, a un costo de 218.7 millones de dólares autorizado a finales del sexenio de Felipe Calderón. Peña Nieto estrenaría la lujosa aeronave en febrero de 2016.

El elevadísimo costo y los constantes retrasos y cambios de diseño no se justificaban para un hangar que solo funcionaría hasta la entrada en operación de la nueva terminal de Texcoco, que por entonces (2014-2015) estaba prevista para 2020.

Desde que se anunció por el presidente electo Andrés Manuel López Obrador la intención de suspender la magna obra, el Consejo Coordinador Empresarial se opuso y alegó que el costo económico y en imagen del país iba a ser muy elevado: no menos de 120 mil millones de pesos, pues había que contar con las penalizaciones por la suspensión de contratos antes de tiempo.

Considerado inviable por cuestiones ecológicas, por la afectación de los mantos acuíferos, por el daño a especies de aves que dejarían de migrar a causa de la desecación de la zona, cuando ya se había aportado 21% de la inversión y faltaban no menos de 400 mil millones, además de los costos por mantener activo por unos ocho años más el viejo Aeropuerto Internacional Benito Juárez, el gobierno de la Cuarta Transformación decidió cancelar el maxiproyecto del sexenio anterior, el cual además había sido diseñado para impulsar un desarrollo en su área de influencia que incrementaría en unos tres millones de pobladores nuevos la zona —para lo cual no se había previsto infraestructura básica—, y en su lugar la entrante administración comenzó a ampliar el ya existente aeropuerto militar de Santa Lucía, en el Estado de México. La polémica por la drástica decisión duró meses y años y generó la animadversión de los inversionistas en contra del gobierno lopezobradorista.

Enrique Peña Nieto, "poder criminal"

Son palabras mayores. Son acusaciones que trascienden con mucho cualquier otra que en la historia se haya hecho formalmente en contra de un expresidente de la República. Las formuló la Fiscalía General de la República en noviembre de 2020 en contra de Enrique Peña Nieto, quien gobernó México entre 2012 y 2018.

En un pliego acusatorio dirigido a Luis Videgaray con miras a conseguir una orden de aprehensión en contra del exsecretario de Hacienda, la Fiscalía utilizó un lenguaje inusualmente duro cuando dijo que el expresidente Peña Nieto "jugó un papel central" en la comisión de los delitos de cohecho, traición a la patria y delito electoral.

Peña "contaba con su propio aparato de poder criminal —sostiene el documento difundido por la Fiscalía—, con el cual el expresidente diseñó y operó "una estrategia de cooptación de la voluntad de los legisladores encargados de aprobar sus reformas estructurales en materia energética".

(Habría que detenerse a reflexionar aquí si no hay un cercano parentesco entre ese presidente dueño de un propio "aparato de poder criminal" para sojuzgar funcionarios y comprar políticos, para entregar los recursos del país a los extranjeros, con un Gobierno delincuencial en sí mismo en otros terrenos como el narcotráfico, como es señalado el calderonista que le precedió. ¿No están sentadas aquí las premisas del "narcogobierno" que habría prevalecido durante etapas recientes de México, tal y como lo caracterizó el presidente Andrés Manuel López Obrador? ¿Narcotráfico, corrupción extrema, descomposición política, impunidad garantizada, ilícitos concurrentes y operando en un lapso de seis, 12, 18 años de la vida mexicana?)

El expresidente, de origen priista, simplemente "se apartó del Estado de derecho" y utilizó el elevado cargo para el que fue electo "con el fin de delinquir", es la severa conclusión de una Fiscalía que ya no tendría cara para haber hecho este tipo de imputaciones tan graves en un documento oficial y luego, con el paso del tiempo, abstenerse de actuar en consecuencia.

Criminal, delincuente, comprador de voluntades de legisladores, traidor a la patria, depredador electoral, un presidente actuando a espaldas del Estado de derecho. Son epítetos y caracterizaciones que no habían aparecido en varias décadas en el lenguaje de procuración e impartición de justicia endilgándolos a un expresidente de la República.

Sin exculpar a ninguno de los dos funcionarios del régimen peñanietista, la Fiscalía dice que el mandatario utilizó como instrumentos tanto a Luis Videgaray como a Emilio Lozoya, respectivamente titular de Hacienda y director de Petróleos Mexicanos y ambos operadores de la campaña presidencial de 2012, para ayudar a cometer los delitos de cohecho y traición a la patria en el caso de la empresa Odebrecht, la que habría entregado millones de dólares para esa campaña proselitista. "Autor mediato" de tan graves delitos, utilizando a sus subordinados, así caracteriza la Fiscalía a Peña Nieto.

Los hechos delictivos no fueron iniciativa de Lozoya y Videgaray, sino que se perpetraron "por disposición de él mismo", de ese autor mediato que era Peña Nieto.

El cohecho se cometió cuando Luis Videgaray distribuyó 121.5 millones de pesos a legisladores panistas como Ernesto Cordero, Jorge Luis Lavalle y el dirigente del PAN y posterior candidato presidencial Ricardo Anaya, así como al priista David Penchyna, por interpósitas personas, cantidades de dinero que buscaban obtener el voto de estos representantes del poder legislativo en favor de la reforma energética efectivamente aprobada a finales de 2013.

"Los hechos imputados de cohecho y traición a la patria requirieron de considerables recursos logísticos y financieros, pues hubo que realizar gestiones tanto en el país como en el extranjero para cooptar los recursos ilícitos de Odebrecht", sostiene el documento.

Esos recursos, además, hubo que "transferirlos, cambiarlos en moneda corriente, almacenarlos, entregarlos a los legisladores, condicionar el pago de sobornos a cambio de su voto a favor de la aprobación de las reformas estructurales; elaborar las propuestas legislativas de modo que beneficiaran a Odebrecht entre otros; cabildearlas con el resto de los legisladores y luego publicar las leyes aprobadas", toda una ruta trazada con corrupta, dolosa y criminal precisión.

De esa manera, y bajo el liderazgo de su jefe Peña Nieto, al que debían obediencia, Videgaray y Lozoya —explica la Fiscalía— funcionaron como "un Estado dentro de un Estado e implementaron una política de actos de corrupción".

¿Y la traición a la patria? Pues porque Peña Nieto benefició a empresas extranjeras, en particular a la brasileña Odebrecht mediante sus conocidas y promovidas "reformas estructurales", entregándoles las llaves de los recursos naturales que se consideran propiedad de la nación, especialmente los energéticos, con el fin de que ellas pudieran aprovecharlos y explotarlos.

Para que no quede lugar a dudas, la Fiscalía afirma en su solicitud de orden de aprehensión contra Videgaray —"autor material" de los mismos delitos de su jefe— que el poder de mando y dirección de Peña sobre sus funcionarios y allegados en el Gobierno era real y no simbólico y se presume que el presidente poseía la capacidad de dar órdenes específicas, mismas que sus más cercanos colaboradores estaban obligados política y administrativamente a cumplir.

Justo igual que en las mafias: hay que acatar las leyes no escritas de la *omertá* (el silencio), preservar la prohibición absoluta de revelar los manejos internos de las organizaciones mafiosas; la secrecía se coloca en el centro de las actuaciones delictivas y su transgresión se castiga incluso con la muerte. Un proverbio siciliano resume la sujeción obligatoria al mandato de la Cosa Nostra: "El que es sordo, mudo y ciego, vivirá cien años en paz".

Enrique Peña Nieto y la Estafa Maestra

L as delaciones, las acusaciones mutuas y las traiciones se incrementaron por todos los rumbos de la administración priista casi en paralelo a la declaración de la Fiscalía General de la República de que el expresidente Enrique Peña Nieto fue traidor a la patria y cometió cohecho. Ya no se limitaba el tema al caso de Odebrecht ni a la entrega de millones de pesos a legisladores para aceitar la aprobación de la reforma energética, sino que se extendía ese manto de corrupción al esquema de desviación de recursos bautizado como la "Estafa Maestra".

Miles de millones de pesos se derivaron de sus aparentemente loables destinos originales, como fue el caso paradigmático de la Cruzada Nacional Contra el Hambre, para comprar votos, financiar actos proselitistas y campañas en favor del Partido Revolucionario Institucional (PRI), detalló Emilio Zebadúa, quien fuera oficial mayor de la Secretaría de Desarrollo Social, bajo el mandato de la titular Rosario Robles Berlanga. Luego cumpliría funciones similares en la Secretaría de Desarrollo Agrario, Territorial y Urbano, a cuyo frente fue nombrada la propia Rosario.

Zebadúa aceptó hacer una extensa y prolija confesión ante la Fiscalía de la República para de esa manera tratar de obtener un "criterio de oportunidad" que pudiera traducirse en beneficios durante el proceso penal que se inició en su contra, mientras su exjefa Rosario Robles permanecía en prisión por órdenes de las autoridades federales.

El esquema de desvío de recursos públicos conocido como la Estafa Maestra incluyó a diversas dependencias federales y se planificó desde diciembre de 2012, recién asumida la presidencia de la República por Enrique Peña Nieto.

Ya en enero y febrero de 2013, a pocas semanas de iniciado el sexenio, Luis Videgaray Caso estaba poniendo a disposición de la Cruzada Nacional Contra el Hambre, de la Secretaría de Desarrollo Social, mil millones de pesos que no estaban presupuestados. Por instrucciones de la secretaria Rosario Robles, ese dinero se utilizó para organizar eventos de publicidad, campañas en medios informativos, volanteos, brigadas, grupos de activistas políticos en varias entidades del país en favor del PRI. La estrategia diseñada así convirtió supuestas ayudas sociales, que no eran entregadas, en abiertas aportaciones político-electorales para decenas de municipios estratégicos de todo el país o en la compra directa de votos en elecciones locales.

¿Cómo se operó esta maquinaria? Explicó Emilio Zebadúa que el esquema fue contratar empresas privadas a través de universidades públicas que supuestamente prestarían servicios a la citada Cruzada Nacional, todo ello en acuerdo entre Videgaray y Robles, por órdenes presidenciales.

Con recursos extraordinarios aportados por la Secretaría de Hacienda, no solamente por la Sedesol, sino otra docena de dependencias (Sagarpa, Economía, Comunicaciones y Transportes, ISSSTE, Petróleos Mexicanos, entre otras), proveyeron "permanentemente" de recursos económicos, durante todo el sexenio, "para la promoción político-electoral del presidente, su gobierno y su partido político", confesó de manera textual Zebadúa.

La Estafa Maestra funcionó hacia el futuro y parte del pasado, pues mediante ese sistema de desviación de recursos no solo se hizo proselitismo en tiempo real, sino que se pagaron deudas y compromisos remanentes de la campaña presidencial de Enrique Peña Nieto. Hay que recordar que Videgaray fue coordinador durante la etapa proselitista, por lo que se pagaba con dinero del gobierno ya en funciones lo que adeudaba desde cuando apenas Peña era uno entre los aspirantes al poder.

Zebadúa evitaba acusar directamente a Peña Nieto y por ello mejor puso la mira en el extitular de Hacienda y excanciller Luis Videgaray Caso, como quien "ideó y ordenó el esquema" para el desvío de recursos con fines de permanencia en el poder del PRI, partido que había estado fuera del mando durante los sexenios de Vicente Fox Quezada y Felipe Calderón Hinojosa, del Partido Acción Nacional.

Operador él mismo de los fraudes desde las Secretarías de Desarrollo Social (Sedesol) y de Desarrollo Agrario, Territorial y Urbano (Sedatu), Emilio Zebadúa con sus declaraciones sumaba puntos no solo en contra de Videgaray, sino de su exjefa Rosario Robles. Según confesó, ella no nada más estuvo enterada siempre de los desvíos de fondos, sino que contribuyó activamente en el diseño de estrategias jurídicas para que las operaciones fueran exitosas. Esto lo hacía en reuniones semanales en el *penthouse* del edificio de la Secretaría de Desarrollo Social, desde donde, rodeada de su círculo más cercano de colaboradores, se estableció el *modus operandi* de la Estafa Maestra. Zebadúa, con estos detalles de tiempo y forma, hacía tambalear la principal defensa de Rosario Robles, quien alegaba inocencia y total desconocimiento de las operaciones fingidas.

La secretaria Rosario Robles me comentó que en consulta con el secretario Videgaray le había propuesto contratar empresas privadas que proveerían servicios inherentes a la campaña de la Cruzada Nacional contra el Hambre, mediante la utilización de Universidades Públicas, ya que la Ley de adquisiciones lo permitía y a la vez facilitaba decidir *a priori* a los proveedores.

Más allá de la búsqueda de un criterio de oportunidad, Zebadúa incurría en el mismo error de Robles de intentar convencer a la autoridad de su total inocencia y de que no había cometido alguna irregularidad, siendo que estaba perfectamente enterado y era partícipe de los desvíos. Para cuando entregó las 18 hojas de su declaración ministerial, el 19 de octubre de 2020, ya la UIF había identificado operaciones financieras fingidas por al menos 205 millones de pesos desde el área de mando del propio Zebadúa, en donde se encontraban los actores centrales del manejo irregular de esas cantidades multimillonarias.

Empresas fantasma recibían recursos desde entidades públicas estatales, después que Videgaray aprobaba los llamados "recursos extraordinarios" mediante todo un entramado de solicitudes que recorrían una ruta previamente trazada: Francisco Báez, director de Programación tanto en la Sedesol como en la Sedatu, enviaba las solicitudes a la Unidad de Políticas y Control Presupuestal de la Secretaría de Hacienda, a cargo de Isaac Gamboa Lozano. Este personaje, a quien se involucró después en desvíos multimillonarios en Chihuahua, fue asesinado en una residencia en Morelos en mayo de 2020. Gamboa Lozano encaminaba las peticiones a la Subsecretaría de Egresos de Hacienda, cuyo titular era Alejandro Sibaja Ríos, hombre muy cercano y de todas las confianzas de Videgaray. El andamiaje de los "recursos extraordinarios" funcionaba así a la perfección y ese esquema se multiplicó, además de la Sedesol y de la Sedatu, también desde las secretarías de Economía, de Agricultura y Desarrollo Rural (Sagarpa), Comunicaciones y Transportes, así como del ISSSTE y Petróleos Mexicanos, entre otras dependencias del Gobierno federal.

Zebadúa recordó que Rosario Robles, en una ocasión en que salía de una reunión con el entonces secretario de Hacienda, le comunicó que la instrucción de Luis Videgaray era que se contrataran una o varias empresas a través de la Subsecretaría de Desarrollo Comunitario y Participación Social de la Sedesol, a cargo de Javier Guerrero García, para operar recursos extra y así saldar adeudos de la campaña presidencial priista pendientes por mil millones de pesos. Los convenios fraudulentos con universidades públicas habrían sido firmados por funcionarios de la Sedesol como Rocío Bolaños, Ramón Sosamontes, Gustavo Rodríguez, Javier Guerrero, José Antolino Orozco Martínez y María de la Luz Vargas.

La UIF de la Secretaría de Hacienda recabó ya 105 contratos que se manejaron fraudulentamente a través de la Secretaría de Bienestar. Analizaba otros 43 convenios con el mismo esquema de desvío que consistió en generación de empresas fantasma luego subcontratadas por universidades públicas para trabajos supuestamente encargados pero nunca realizados, "que en ocasiones se repiten universidad por universidad para obtener dinero".

Esas sumas millonarias obtenidas mediante la Estafa Maestra no solo iban a campañas electorales, sino al patrimonio personal de servidores públicos, entre los que la UIF menciona a Emilio Zebadúa, Rosario Robles y Ramón Sosamontes.

Esquemas similares a los de la Estafa Maestra aparecen en Pemex durante la administración de Emilio Lozoya,

> quien recibe Petróleos Mexicanos con pérdidas anuales de 40 mil millones de dólares anuales y lo deja con pérdidas que llegan a los 100 mil millones de dólares: es la peor administración en la historia de Pemex; y esto, como lo ha dicho el presidente [Andrés Manuel López Obrador] era una política encaminada a destruir la empresa pública para beneficio particular de la gente relacionada con el presidente Enrique Peña Nieto.

No existe duda alguna, no hay posibilidad de que Enrique Peña Nieto no estuviese enterado, paso por paso, de los desvíos de cantidades multimillonarias de la Sedesol, la Sedatu, Petróleos Mexicanos y otras entidades públicas durante su sexenio, también concluyó Santiago Nieto Castillo, titular de la UIF, de la Secretaría de Hacienda, en una larga entrevista con periodistas de *La Jornada* en diciembre de 2020.

Imposible que el presidente "no tuviera conocimiento de esta corrupción a la más alta escala que tuvimos en México", insistió. De hecho, la corrupción en México "era sistémica y los diseños institucionales para combatirla eran y siguen siendo en gran medida insuficientes".

Cuando dos años antes se hizo cargo de la UIF, Santiago Nieto halló que esa era una dependencia que se utilizaba para fines políticos, para presionar a los opositores al gobierno de Peña Nieto. Funcionaba, de manera corrupta, como un "mecanismo de extorsión" que utilizaba incluso elementos de la entonces Subprocuraduría Especializada en Investigación de Delincuencia Organizada (SEIDO) para practicar extorsiones contra empresarios y ciudadanos que tenían flujos de efectivo importantes. Había listas de personas que eran investigadas, incluyendo periodistas, con información de la UIF. Definitivamente se hacía "un uso político de la institución" para extorsiones, fines de carácter económico y de abierta persecución política.

Los entramados de corrupción son tales, que la información que entregó el exdirector de Petróleos Mexicanos Emilio Lozoya (acusado de intermediar en sobornos de la empresa brasileña Odebrecht que habrían sido aportados a la campaña de su jefe Enrique Peña Nieto), han permitido ampliar las investigaciones sobre unas 70 personas, entre las que se cuentan Luis Videgaray, exsecretario de Hacienda y excanciller, y David Penchyna, exsenador, muy activo impulsor de la reforma energética y director del Infonavit.

Se abrió una investigación por la venta irregular de terrenos federales, a precios muy castigados, desde la Sedatu cuando su titular era Rosario Robles. Es investigado también Luis Miranda, titular de la Sedesol en el último tramo del sexenio anterior, porque se le señala de haber transferido irregularmente inmuebles de la Comisión Federal de Electricidad al Sindicato Mexicano de Electricistas.

Tanto en el caso Odebrecht, como en la corrupción a la más alta escala en la Sedesol, la Sedatu, la Sagarpa, Pemex, ISSSTE, Comunicaciones y Transportes, entre otras entidades públicas, "mi hipótesis es que en todos los casos el presidente Peña Nieto estaba enterado". En un sistema presidencial como el mexicano no existía posibilidad alguna de que él no tuviera conocimiento de tan evidentes y corruptas desviaciones multimillonarias. "Los mecanismos de desvío de recursos públicos no hubieran podido hacerse sin la aquiescencia o la instrucción de personas encumbradas en el poder", específicamente el presidente de la República.

La UIF emprendió acciones específicas, como bloqueo de cuentas, revisión de los bienes patrimoniales de 70 personas, denuncias penales, análisis financieros propios y solicitudes ante la Fiscalía General de la República. "No importa si son gobernadores o exsenadores. Lo importante es que todas las personas que hayan participado en actos de corrupción sean sancionadas por la ley y por la autoridad. Es un trabajo serio. No se trata de juicios sumarios ni de absoluciones sumarias".

Se trata, en realidad, de una investigación supranacional. La UIF tiene contacto permanente con las 164 unidades similares en todo el mundo a través del Grupo Egmont, que reúne a estas áreas de inteligencia financiera en otros tantos países. "Además tenemos colaboración con agencias de otros países, como Colombia, España, Reino Unido, Canadá y Estados Unidos, por conducto de la DEA y del FBI, para tener cada vez más información que sirva para el combate a todo tipo de conductas delictivas que se detecten en nuestro país".

A las denuncias formales contra el exdirector de Pemex Emilio Lozoya, contra la extitular de la Sedesol y la Sedatu Rosario Robles, contra el exsecretario de Comunicaciones y Transportes Gerardo Ruiz Esparza (ya fallecido), deben sumarse los expedientes y carpetas de investigación en contra de ex gobernadores como Javier y César Duarte (Veracruz y Chihuahua), Roberto Sandoval (Nayarit), junto a las órdenes de aprehensión contra sus esposas y otros familiares.

En agosto de 2022 Rosario Robles salió de la cárcel de Santa Martha Acatitla, después de tres años de prisión preventiva justificada, para continuar con su proceso jurídico en libertad, con ciertas restricciones de movilidad, la entrega de su pasaporte y con la obligación de ir a firmar ante el juzgado cada cierto tiempo.

Meses después se le retiró la inhabilitación para ser nuevamente funcionaria pública y en febrero de 2023 el juez Roberto Omar Paredes sobreseyó las acusaciones oficiales con efectos de sentencia absolutoria, en atención a una ejecutoria del Noveno Tribunal Colegiado en Materia Penal originada tras el recurso de revisión 260/2022. Con ello se inhibió la persecución penal y cesaron las medidas cautelares alternas, como prisión preventiva domiciliaria. Nada ocurrió de relevante en última instancia.

La Fiscalía General de la República se inconformó por esta decisión judicial y continuó insistiendo en juzgar a Robles por el desvío de más de 5 mil millones de pesos destinados a programas sociales, mediante operaciones fraguadas *ex profeso* y conocidas como la Estafa Maestra, durante el gobierno de Enrique Peña Nieto. Lo cierto es que el gobierno de la Cuarta Transformación no logró recuperar algo del dinero presuntamente desviado por su predecesor.

Andorra, paraíso de lavado

México apareció en un sitio nada honroso en el contexto de una operación internacional contra el lavado de dinero en paraísos fiscales. En 2021 se reveló que en el Banco Privado de Andorra, en el pequeño país de unos 80 mil habitantes y un territorio menor a los 500 kilómetros cuadrados en Los Pirineos, entre España y Francia, se ubicó a 23 empresas e inversionistas mexicanos con al menos 2 mil millones de euros depositados allí (unos 48 mil millones de pesos).

El Banco de Andorra había sido intervenido desde 2015 por presunta ilegalidad de sus operaciones de blanqueo de capitales provenientes de muchos países del mundo. En las pesquisas surgió un nombre muy conocido en México, el de Juan Ramón Collado Mocelo, abogado de todas las confianzas del expresidente Enrique Peña Nieto, detenido desde julio de 2019 en México por la presunta comisión de delitos de delincuencia organizada y de apropiación y uso de recursos ilícitos. Los depósitos hallados en el banco de Andorra proceden, en gran parte, de utilidades del crimen organizado, de malversación de fondos empresariales e inversiones y de posibles desvíos de dineros públicos, según investigaciones de España y los Estados Unidos, que en principio no revelaron todos los nombres de los inversionistas mexicanos, pero concluyeron que el nexo de todos ellos es el abogado Juan Collado, quien solía pasar largas temporadas de estancia en la península ibérica.

Aprovechando los laxos mecanismos de control de inversiones y del secreto bancario, los mexicanos decidieron colocar millonarias cantidades de dinero en Andorra, según informes confidenciales citados por el diario español *El País*.

Collado habría recibido antes de que terminara el sexenio de Peña Nieto unos 90 millones de dólares a través de transferencias desde la casa de cambio Tíber y de sociedades fiduciarias, entre las que se cita al Grupo Fidemont, según el periódico, en donde se sugiere que el abogado Collado habría estado operando como un prestanombres con influencia indudable en las esferas del poder mexicano.

Para ejemplificar el nivel de los contactos políticos de Collado, se mencionaron sus viejos tratos con el ingeniero Raúl Salinas de Gortari, hermano del presidente Carlos Salinas (quien gobernó México entre 1988 y 1994), a quien defendió exitosamente; con el líder sindical petrolero Carlos Romero Deschamps y con el exgobernador de Quintana Roo acusado de narcotráfico en México y en los Estados Unidos Mario Villanueva Madrid.

En julio de 2019 el juez federal Eduardo Velásquez Rea emitió la orden de aprehensión y el inicio de un proceso en contra de Juan Collado Mocelo por delitos de delincuencia organizada y operaciones con recursos de procedencia ilícita. Desde entonces fue enviado preso al Reclusorio Norte de la Ciudad de México.

Collado había sido acusado por el empresario Sergio Bustamante de "apropiación fraudulenta" de un terreno con valor de 24 millones de pesos en Querétaro, a través de la sociedad Caja Libertad Servicios Financieros, y el juez decidió dictarle prisión preventiva oficiosa por dos años. Según Bustamante, los verdaderos dueños de esa Caja, de la que Collado era el principal responsable, serían en realidad los expresidentes Carlos Salinas de Gortari y Enrique Peña Nieto, y el gobernador de Querétaro Mauricio Kuri, desde que fue coordinador de los senadores del Partido Acción Nacional.

Collado adquirió fama como "el abogado del poder político" en México y cuando se inició la investigación sobre lavado de dinero en el Banco Privado de Andorra el gobierno de Enrique Peña Nieto remitió "información engañosa" de este personaje y sus inversiones, según revelaciones hechas en la prensa española en noticias que relacionan al abogado mexicano con el blanqueo de varios cientos de millones de dólares, delito del cual se le intentó exculpar.

Otros nexos profesionales y políticos de Collado han sido el influyente excandidato presidencial panista Diego Fernández de Cevallos y el empresario argentino Carlos Ahumada, relacionado con Rosario Robles y quien fue personaje central en la difusión de videos de entrega de dinero a René Bejarano con el fin de desprestigiar al aspirante presidencial Andrés Manuel López Obrador cuando este era jefe de Gobierno capitalino en 2004.

En el caso de Raúl Salinas de Gortari, originalmente condenado a 50 años de prisión por ser el presunto autor intelectual del asesinato de su excuñado Francisco Ruiz Massieu en septiembre de 1994 y también acusado de enriquecimiento ilícito, su abogado Juan Collado consiguió la exculpación total y la devolución de millones de pesos incautados por la autoridad, aunque el hermano del expresidente Carlos Salinas había permanecido 10 años en prisión.

El líder petrolero Eduardo Romero Deschamps fue otro cliente asiduo de Juan Collado, quien fue aprehendido cuando comían juntos en un lujoso restaurante de la Ciudad de México. Señalado en numerosas ocasiones por corrupción y por enriquecimiento desde su puesto sindical, al dirigente petrolero se le acusó en el caso Pemexgate, operación de desvío de 500 millones de pesos del fondo de los trabajadores y de la empresa estatal para la campaña del priista Francisco Labastida Ochoa. La investigación por peculado electoral no condujo a ninguna imputación formal por parte de la Procuraduría General de la República, que cerró el caso presuntamente por falta de pruebas, sin que el tema llegara ante un juez.

El abogado intervino en el divorcio de Enrique Peña Nieto y Angélica Rivera. Los nexos con el expresidente podrían haber llegado hasta el Banco de Andorra y también al caso de los sobornos de la empresa Odebrecht para la campaña presidencial. El exdirector de Pemex Emilio Lozoya habría confesado ante las autoridades que empleó esos fondos ilícitos "por órdenes" del entonces candidato Peña Nieto y su jefe de campaña Luis Videgaray.

A finales de mayo de 2019 Mar Collado, la hija del abogado, contrajo matrimonio y a la fastuosa celebración acudieron la crema y nata de la política mexicana y del *jet set* nacional e internacional.

A finales de 2020 el columnista Carlos Loret de Mola revelaba que el gobierno de Andrés Manuel López Obrador negociaba con los abogados de Juan Collado para otorgarle la libertad a cambio de que confesara los pormenores del fraude electoral de 2006, en el cual habría tenido un papel relevante.

Parte de la negociación incluiría dinero ilícito de cuyos depósitos en Andorra habría sido principal intermediario Collado y que implican corrupción y desvíos del erario durante los gobiernos de Felipe Calderón y Enrique Peña Nieto.

Según el columnista, el exgobernador de Chihuahua César Duarte habría desviado a través de Collado casi 18 millones de pesos para "cumplir un compromiso" con el expresidente Carlos Salinas de Gortari. Este tipo de toma de recursos a través de contratos simulados de servicios profesionales en materia jurídica habría sido operado en varios gobiernos estatales priistas. Además de simular la prestación de un servicio, Collado tiene orden de aprehensión en Chihuahua por elaborar facturas, tramitar contratos falsos y recibir el dinero desviado de esa forma. Por la época, según el gobernador chihuahuense Javier Corral, su predecesor César Duarte —detenido en Estados Unidos y cuya extradición logró México en junio de 2022— aspiraba a ser dirigente del Partido Revolucionario Institucional (PRI) e incluso pretendió ser aspirante a presidente de la República. Los abogados de Duarte intentaban, sin éxito, que su cliente prosiguiera su proceso en casa, alegando enfermedades que podrían poner en riesgo su existencia.

Nuevos detalles de esta cleptocracia que se extendió por todo el país en uno de los gobiernos más corruptos de la historia mexicana, el de Peña Nieto, continúan revelándose todavía hoy a nivel nacional e internacional.

Desaparecidos, juego de cifras

Desde la primera ocasión en que el Gobierno mexicano se dignó responder a demandas de organizaciones internacionales defensoras de derechos humanos sobre el grave problema de las personas desaparecidas en México (en 1979), ya había transcurrido al menos una década desde que esta práctica aberrante, delito de lesa humanidad, había tomado carta de naturalización entre las prácticas más socorridas de los cuerpos represores del Estado.

Y también, ya desde entonces, se exhibió el empeño oficial por desentenderse de cualquier responsabilidad en torno a esa gravísima violación a los derechos humanos, la más lesiva sin duda para el ser humano, en cuanto que la víctima no tiene certidumbre alguna sobre su futuro ni sobre su presente en reclusión clandestina y cuya situación de ausencia afecta a familias enteras que ven transcurrir meses, años y décadas sin conocer el paradero de mujeres y hombres sin que la autoridad acepte haberlos capturado y llevado a sitios desconocidos, en vez de presentarlos para ser procesados ante una instancia formal de procuración o impartición de justicia.

Fue el procurador de la República Óscar Flores Sánchez, en el sexenio de José López Portillo, quien respondió a los insistentes reclamos de Amnistía Internacional sobre un tema tan delicado. Lo hizo con detalle, pero tergiversando hechos, dando cifras sin comprobar, culpando a grupos guerrilleros de liquidar a sus propios integrantes, pero sin jamás admitir responsabilidad alguna de las autoridades en estas desapariciones y muertes violentas.

El 24 de enero de 1979 ese procurador, que había sido gobernador de Chihuahua, hizo pública su propia investigación sobre 314 personas presuntamente desaparecidas a partir de 1971 y que eran reclamadas por sus familiares. Cargó las tintas sobre el estado de Guerrero, como sitio con el mayor número de desapariciones, en dos fechas precisas: el 8 de septiembre de 1974, día en que fue rescatado el ingeniero Rubén Figueroa Figueroa, quien meses atrás había sido secuestrado por el Partido de los Pobres, y el 2 de diciembre de ese mismo año, cuando ocurrió un enfrentamiento armado entre la tropa y la guerrilla en el que murió abatido el profesor Lucio Cabañas Barrientos, dirigente del Partido de los Pobres y que había mantenido cautivo a Figueroa. En esas dos fechas, el entonces procurador ubicaba la desaparición de 86 personas. Más tarde, desde la propia PGR se incorporaron a la lista oficial los nombres y apellidos de otras 48 personas reportadas en público por Sánchez Flores como otros "desaparecidos o muertos" (juntando peras con manzanas), pero todos identificados oficialmente como guerrilleros, incluyendo a algunos reportados en los tres años anteriores.

Hasta septiembre de 1990 volvió a tocarse a fondo tema tan escabroso, esta vez por la entonces recién creada Comisión Nacional de los Derechos Humanos, que emitiría sus conclusiones luego de algo más de un año de investigación. La CNDH dijo haber encontrado a 37 personas vivas entre los cientos que buscaban familiares y que estaban incluidos en listas entregadas durante varios años a la Dirección de Derechos Humanos de la Secretaría de Gobernación, antecedente de la CNDH. Otras 15 se registraron como muertes, puesto que se encontraron los cadáveres respectivos, y en cinco casos más hubo desistimiento de la queja original, con lo que la CNDH dio por resueltos 57 asuntos (que eran apenas 10% de los reclamados entonces al Gobierno por el Comité Pro Defensa de Presos, Perseguidos, Desaparecidos y Exiliados Políticos, luego rebautizado como el Comité Eureka).

Hubo esporádicas informaciones sobre localización de otros presuntos desaparecidos, pero nada relevante entre 1979 y 1990. "No hay cifras de cuántos supuestos desaparecidos fueron localizados ni los sitios en los que se hallaban o si fueron aclarados sus casos en los últimos años. Sin embargo, debió ser una cifra mínima", dice la CNDH en su llamado "Informe Carpizo" (Jorge Carpizo McGregor fue su primer presidente luego de creada la Comisión el 6 de junio de 1990 por Carlos Salinas de Gortari).

Un equipo interdisciplinario solicitó informaciones a oficinas del Registro Civil; escuelas y universidades; hospitales e instituciones de salud mental, centros laborales, agencias del Ministerio Público; servicios forenses, corporaciones policiacas y militares; cementerios, agencias funerarias; bibliotecas y hemerotecas, entre otros sitios, con resultados muy magros.

Entre los hallazgos preocupantes de la "Comisión Carpizo" hay varios testimonios de familiares que refieren excesos por parte de corporaciones públicas, civiles o militares, como "detenciones arbitrarias y ejecuciones extrajudiciales" y que los cadáveres eran desaparecidos "a través de diversos métodos, entre ellos la incineración o arrojándolos de aviones o helicópteros o tirándolos al mar", todo lo cual imposibilita cualquier identificación.

Procuradores, fiscales y otros funcionarios, en diferentes épocas de la historia reciente de México, se toman la atribución de manejar a su antojo las estadísticas de la desaparición de personas. Tal fue el caso de Jesús Murillo Karam, titular de la Procuraduría General de la República, y Miguel Osorio Chong, secretario de Gobernación en tiempos de Enrique Peña Nieto.

El viernes 30 de mayo de 2014 Murillo declaró a la prensa que la PGR había depurado la lista de desaparecidos en México, que se dijo eran más de 27 mil al terminar el sexenio de Felipe Calderón Hinojosa. Pero resulta que ahora la cifra "se redujo a 8 mil personas cuando la PGR depuró la lista". Con llamadas telefónicas y con cuerpos encontrados en fosas bastó para reducir las cifras, afirmó.

"Una buena parte de la disminución en los números surge de ahí, de la depuración, cuántos de los que había registrados se encontraron vivos, cuántos se identificaron muertos, y eso es lo que nos da las cifras nuevas, pero son cifras muy cambiantes, que pueden variar de un día para otro", insistió ante los reporteros que acudieron ese día a la XXXI Asamblea Plenaria de la Conferencia Nacional de Procuración de Justicia.

"Sucedió que se acumularon todas estas informaciones [de las denuncias por desaparición ante todas las procuradurías del país], se señaló quiénes habían sido reportados como desaparecidos, pero nunca se depuró [la lista], nunca se preguntó a las procuradurías cuántos de esos habían encontrado".

De más de 27 mil personas desaparecidas cuya lista elaboró la administración de Felipe Calderón, solamente 13 mil podían considerarse como no localizadas, "pues 14 mil estaban vivas y fueron ubicadas", soltó Murillo Karam sin aportar un solo nombre de los "hallados".

"Después, durante los dos primeros años de la actual administración —de 2012 a 2014, precisó—, la cifra se elevó nuevamente a 16 mil individuos, de los cuales 8 mil han sido localizados con vida", como informó en los días anteriores el secretario de Gobernación, Miguel Ángel Osorio Chong, citó el procurador Murillo.

La PGR realizó llamadas a las personas que denunciaron la desaparición de algún familiar o conocido. "Fue suficiente que algún funcionario de la Procuraduría utilizara un sistema, levantara un teléfono y empezara a llamar a los diferentes estados", describía Murillo Karam.

Los denunciantes —dijo con total desparpajo— en muchos casos contestaban: "No, mire, mi tío ya llegó, había ido a comprar cigarros y se tardó un poquito más de lo que se acostumbra tardar, pero apareció". A partir de esa llamada, se levanta un acta, la firma un responsable y luego nos la reportan desde el Centro Nacional de Planeación, Análisis e Información para el Combate a la Delincuencia (Cenapi) y lo descontamos.

Así de simple la explicación del procurador Murillo en torno a una de las más graves violaciones a los derechos humanos en México y que continúa sin esclarecerse con seriedad y profundidad hasta la fecha.

"Hasta yo hice una llamada", bromeó con los reporteros. "Efectivamente tuve suerte, encontré a uno y me dijeron: 'no señor, sí está aquí, sí fue realizada la denuncia porque había desaparecido, pero por fortuna fue una cuestión de otro tipo, muy personal y aquí está'".

Murillo Karam quiso avalar sus dichos mencionando a la Cruz Roja Internacional y a otras instituciones: la lista también se redujo identificando restos humanos encontrados, además de las llamadas telefónicas a las que aludió:

Se nos auxilia con organismos internacionales, hemos hecho convenios con organismos que saben de este problema sobre todo. Nos parecen muy importantes los convenios que hemos hecho con la Cruz Roja Internacional, porque tiene experiencia en guerras [sic] y en cuestiones de esta naturaleza de muchos años y esa experiencia nos la está transmitiendo y nos está ayudando muchísimo para poder hacer estas identificaciones.

Ni los nombres, ni la forma ni el lugar en que se habría encontrado a tantos miles vivos, después de que fueron reportados como desaparecidos, fue divulgada por la PGR. Es por ello que Perseo Quiroz, director en México de Amnistía Internacional (AI), desconfió de lo dicho por Jesús Murillo Karam y señaló que nunca dejó claro cómo se condujeron esas supuestas investigaciones.

Hubo una especie de acción concertada a cuatro manos, pues en efecto Osorio Chong había dado a mediados de mayo una explicación tan confusa como la del procurador en turno, la cual tuvo que explicar otra vez en junio, con cifras que él llamó "actualizadas". Si en mayo dijo que había ya solamente 8 mil personas desaparecidas, al mes siguiente mencionó 16 mil.

En efecto, después de 2012, explicó Osorio, ya en la administración de Enrique Peña Nieto, se comenzaron a recibir nuevas denuncias (entre 12 mil y 14 mil nuevos casos), que también fueron objeto de depuración y al final se confirmaron "solamente" 8 mil. "Por eso me atrevo a dar una información que viene de los estados al Sistema Nacional de Información. Ahí pueden todos acceder y ver el número de personas no localizadas. Verán que de las 27 mil originales se redujo a 8 mil, pero se siguió incrementando el número a partir de 2012 y también ya se redujo esa nueva cifra a 8 mil. El caso es que es una sola lista la que hoy tenemos, ubicada en alrededor de 16 mil. No hay discrepancia entre las autoridades locales y federales, entre instituciones federales tampoco".

El semanario británico *The Economist* cuestionó las estadísticas de los desaparecidos en México y la forma en la que el Gobierno cuadraba las cifras. ¿De dónde salen? ¿Qué método se utilizó para calcularlas? ¿Se cree que los desaparecidos han sido secuestrados por la delincuencia organizada, por la Policía o por una combinación de las dos?", se preguntó el semanario.

Y es que hubo un funcionario honesto, valiente, que se atrevió a discrepar de tanto triunfalismo oficial por los supuestos hallazgos en esos mismos días. Era el subprocurador de Derechos Humanos de la PGR, Ricardo García Cervantes, un viejo militante del Partido Acción Nacional, quien, sin embargo, fue llamado a colaborar en la administración priista de Peña Nieto.

Abiertamente descalificó lo que presumirían sus superiores Murillo y Osorio, incluso de manera anticipada, pues días antes de que ellos aparecieran ante la prensa a sustentar la "aparición" de miles de exdesaparecidos, hacía estas reflexiones: "Siempre existe la tentación de decir hemos encontrado a tantos miles de personas". Se sinceró ante los periodistas Daniela Rea y Paris Martínez de esta manera, cuando cumplía un año de operar la Unidad de Búsqueda de Personas Desaparecidas: "Si yo quisiera presumir, inflo la cifra sumando todos los hallazgos realizados por el sistema Amber. Para hacerlo, solo sería necesario confundir a las víctimas de desaparición forzada con las de las personas que están extraviadas o aquellas que se fueron de casa de manera voluntaria". (Es decir, mezclar peras de ausencia por problemas familiares o escolares, con manzanas podridas de desapariciones forzadas, esas que suelen perpetrar autoridades civiles, policiales o militares, o grupos de delincuencia en nombre y con permiso y cobertura de alguna autoridad).

La verdad dura y rotunda que García Cervantes soltó hizo estallar en añicos la manipulación de estadísticas de

Murillo y Osorio. En casi dos años del sexenio, la autoridad solo había localizado a 73 víctimas de desaparición: 45 vivas y 28 muertas, puntualizó. Quienes estaban con vida fueron halladas, en su mayoría, en cárceles de varios lugares del país bajo nombres falsos. Los 28 sin vida surgieron de la excavación de fosas clandestinas, la búsqueda forense y en fosas comunes. Y punto. No había más, precisó García Cervantes y luego debió renunciar a la subprocuraduría. Los altos funcionarios del Gobierno en 2014 —Miguel Osorio Chong y Jesús Murillo Karam, entre otros— tan solo echaron a volar la imaginación y abierta y desenfadadamente mintieron a los medios sin pruebas de por medio.

Esta invención estadística se corrobora fácilmente con las cifras actualizadas por la Comisión Nacional de Búsqueda y la Subsecretaría de Derechos Humanos, Población y Migración a finales de enero de 2021. Karla Quintana y Alejandro Encinas, titulares de esas entidades, referían como número acumulado de personas desaparecidas o no localizadas en el periodo 2006-2020, a 80 517, no obstante que habría bajado el número de denuncias anuales sobre la incidencia de este fenómeno hasta en 22.39 % entre 2019 y 2020.

En un ejercicio de transparencia diametralmente opuesto al imaginativo que esgrimieron los altos funcionarios de gobierno de Enrique Peña Nieto, se aceptó, con reportes de las Fiscalías estatales de todo el país, que en dos años de gobierno de Andrés Manuel López Obrador se denunciaron 37 808 personas como desaparecidas o ausentes, más de la mitad de las cuales fueron localizadas: 19 626 con vida y 1 706 fallecidas.

De hecho en esos dos años fueron recuperados 2 395 cuerpos, pero solo había sido identificado el 39% de ellos y una quinta parte del total habían sido entregados a sus familiares. Se continuaba el proceso de búsqueda de un 43% de víctimas mencionadas por sus nombres, apellidos y muchos con las circunstancias específicas de su desaparición. Es decir, más de 16 mil sin aparecer (la cifra mágica de Osorio Chong en 2014 sin desglose de tiempo o lugar), pero solamente de los dos primeros años del gobierno de la Cuarta Transformación, aunado a un rezago de más de 40 mil de los sexenios anteriores.

Casi 80% de los cuerpos recuperados en fosas clandestinas en todo el país en los dos primeros años de gobierno de López Obrador se concentraron en cinco estados de la República: Jalisco, Guanajuato, Colima, Michoacán y Zacatecas, detallaba Alejandro Encinas. Y el mayor número de denuncias por desaparición abarcaba, además de Jalisco, Guanajuato y Michoacán, también Tamaulipas, la Ciudad de México, Sonora, Nuevo León, Sinaloa, Veracruz y Guerrero.

Impresionó mucho el disparo de casos en Guanajuato, donde solamente en un mes, del 20 de octubre al 20 de noviembre, fueron ubicadas 65 fosas clandestinas en el Barrio San Juan, de Salvatierra, con 79 cuerpos. En dos semanas de diciembre de 2020 aparecían 37 fosas clandestinas con 75 cuerpos recuperados en La Ascención, Acámbaro. Y otros 50 cadáveres aparecieron en un solo día en Cañada de Caracheo, en Cortázar. En todos los casos se trató de inhumaciones clandestinas recientes para la fecha de los hallazgos.

El experto Jacobo Dayán ofrecía una cifra algo mayor de desapariciones acumuladas en un artículo publicado también en enero de 2021. Según él ese delito terrorífico ya había afectado a 82 241 hombres y mujeres, niños y ancianos en todo el país.

A este número habría que sumar el enorme subregistro y a quienes fueron hallados con o sin vida y que se encontraban desaparecidos. Estas cifras las desconocemos, ya que las fiscalías de todo el país no realizan investigaciones y mucho menos las actualizan en la base de datos de la Comisión Nacional de Búsqueda. Es decir, estamos ante un fenómeno de dimensiones muy superiores a la respuesta que han dado tres administraciones federales y decenas de estatales. Tampoco los medios ni la sociedad han estado a la altura del reto.

A la tragedia de más de 80 mil personas desaparecidas que reconoce el Gobierno, a la crisis agregada de que hay más de 36 mil cuerpos en los servicios forenses en espera de ser identificados y a una impunidad casi absoluta por esos hechos, según Dayán,

las respuestas desde el Estado son simulación total y continuidad por tres sexenios de todos los colores; ni una Comisión de la Verdad que esclarezca los patrones de las desapariciones, ni un Mecanismo extraordinario de justicia que aborde el fenómeno, ni modelos de reparación acordes a la dimensión de la tragedia, ni mecanismos de búsqueda del tamaño de la crisis.

Tampoco indignación social en cantidades que obliguen a la clase política a tomar medidas serias. ¿Hasta cuándo?

¿Cuánto más horror se requiere para que estos temas no desaparezcan de la agenda?... [Porque] También somos lo que toleramos.

Ya para 2023 las cifras de desaparecidos en México rebasaban los 112 mil y las de cuerpos sin identificar en los servicios forenses apuntaban a los 60 mil.

Los principales promotores de la búsqueda de fosas clandestinas con restos humanos en toda la geografía mexicana son colectivos de familiares que fueron surgiendo en varios estados de la República en proporción inversa al desinterés oficial por solucionar el tema de derechos humanos más acuciante en México, el de los desaparecidos, que ha llegado a límites de escándalo y coloca a nuestro país entre los que más practican este delito de lesa humanidad por lo menos desde la década de los sesenta del siglo pasado. Primero como un método oficial y autorizado de liquidar a los "subversivos", opositores armados y pacíficos de sucesivos gobiernos, y ahora combinado ese propósito de persecución política con las acciones punitivas y de toma de territorios por parte de la delincuencia organizada.

Fueron los gobiernos hegemónicos del Partido Revolucionario Institucional (PRI) los que en el siglo pasado pusieron en práctica la desaparición metódica, consuetudinaria e implacable de los opositores en un país como México, el cual se ostentaba como una especie de paraíso para los refugiados y exiliados latinoamericanos (honrando su tradición histórica de asilo que había practicado cuando recibió a los republicanos españoles en los años treinta, durante la guerra civil), mientras internamente se perseguía con saña y violencia criminal a los disidentes, a sus familiares, a sus vecinos, amigos, compañeros de escuela o de trabajo o a los simples sospechosos de ser "subversivos".

No hubo tregua oficial ni se escatimaron los métodos legales o ilegales (sobre todo estos últimos en los que se refugió un atávico paramilitarismo) hasta liquidar a las guerrillas rural y urbana en México desde los sesenta hasta bien avanzados los años ochenta. Nunca estuvo mejor aplicado el dicho de "candil de la calle, oscuridad de su casa" para esta hipócrita actuación de los gobiernos mexicanos durante la llamada "guerra sucia" del siglo pasado.

En la presentación del libro *La desaparición forzada en México: una mirada desde los organismos del sistema de Naciones Unidas* en 2015, Javier Hernández Valencia, representante en México del alto comisionado de las Naciones Unidas para los Derechos Humanos (de septiembre de 2010 a julio de 2015), escribió:

En la ominosa lista de aportes latinoamericanos al catálogo contemporáneo de la historia universal de la infamia destaca, sin lugar a duda, el uso extendido y sistemático de mecanismos de represión estatales que incluso obligaron a acuñar un nombre propio para denunciarlos y combatirlos. Nos referimos a la desaparición forzada.

Tan perversa práctica ha sido impuesta en múltiples regiones del planeta, sostenía Hernández Valencia, pero

es la particular *pericia* en su aplicación, ejercida por las dictaduras del Cono Sur, y la valiente lucha que han desarrollado

los familiares de las víctimas, aún desde condiciones sumamente riesgosas y en contextos de dramática solidad, las que
pusieron en el centro de la atención internacional la gravedad de este fenómeno.

Aunque la extensión geográfica de esta conducta abomina-
ble rebasa los límites del continente americano, el ex alto
comisionado juzgó que "ponerle nombre al espanto nos
hizo entender e identificar que la práctica de la desaparición forzada echaba raíces desde las ribera sur del Río Bravo hasta la Tierra del Fuego".

Y luego los 43 normalistas

Aquel mismo año en el que desde el Gobierno se quiso manipular a la sociedad practicando el juego macabro e irresponsable de la estadística (el 2014 en pleno sexenio priista de Enrique Peña Nieto), como una cruel jugarreta del destino para obligar a colocar, ahora sí con absoluta seriedad, el muy manoseado tema de las ausencias forzadas, ocurriría la noche del 26 al 27 de septiembre la más trágica de las desapariciones colectivas de la historia mexicana: la de los 43 estudiantes de la Normal Isidro Burgos, de Ayotzinapa, perpetrada en Iguala, Guerrero.

Y de nuevo el mismo procurador Jesús Murillo Karam, con la imaginación por delante, difundiría la famosa "verdad histórica" de que los jóvenes habrían sido liquidados físicamente e incinerados en el basurero de Cocula, cuestión que nunca pudo probarse científicamente.

Su coordinador de investigación, Tomás Zerón de Lucio, un administrador industrial, se hallaba prófugo en Israel desde principios de 2021 (antes se refugió en Canadá) acusado de desvirtuar las averiguaciones sobre la suerte de los normalistas y de haber sembrado evidencias en el Río San Juan, cercano a Cocula, a donde trasladó ilegalmente el 28 de octubre de 2014, en un helicóptero de la PGR, a uno de los supuestos responsables de la masacre, el joven Agustín García Reyes, apodado el Chereje, confeso bajo tortura de la presunta quema de los normalistas de Ayotzinapa.

Periodistas que no fueron invitados a esa "reconstrucción de los hechos" consiguieron videofilmar a Zerón y sus agentes conduciendo al Chereje a las orillas del río San Juan y señalando hacia donde él y sus cómplices de la organización criminal Guerreros Unidos habrían arrojado bolsas negras de plástico con cenizas y huesos triturados supuestamente de los 43 normalistas.

Al día siguiente buzos de la Marina, en efecto, hallaron bolsas con restos óseos a orillas del río. Hubo versiones encontradas y polémicas respecto de si allí estaba ya o fue colocado por alguna mano interesada un fragmento óseo que luego se comprobó en la Universidad de Innsbruck, en Austria, que perteneció al estudiante Alexander Mora Venancio.

García Reyes está libre, como varias decenas más de acusados en primera instancia de la desaparición de los normalistas. El gobierno de la Cuarta Transformación declaró radicalmente falsa "la verdad histórica" de Zerón y Murillo Karam y en junio de 2020, casi seis años después de la trágica noche de Iguala, confirmó que había ubicado restos mortales de otro estudiante desaparecido, Christian Alfonso Rodríguez Telumbre, pero fuera del basurero de Cocula, a casi un kilómetro de distancia, lo que derrumbaba la versión oficial sostenida durante el gobierno de Enrique Peña Nieto.

Entre los centenares de testimonios recabados por las autoridades federales, se filtró a la prensa el de un testigo apodado "Juan", quien habría dado pormenores de la actuación de militares, policías estatales y federales, además de agentes de varios municipios, en coordinación con grupos de la delincuencia organizada en la persecución, captura y desaparición de los 43 estudiantes de la Normal Isidro Burgos de Ayotzinapa aquella noche de septiembre de 2014.

La Comisión Presidencial para la Verdad y Acceso a la Justicia para el caso Ayotzinapa, creada por el gobierno de Andrés Manuel López Obrador para llegar a dilucidar el paradero de los normalistas, juzgó grave la filtración periodística ocurrida a principios de 2021, pues podría entorpecer los nuevos datos de las investigaciones sobre seis muertes, 43 desapariciones y decenas de lesionados, incluidas las versiones ofrecidas por elementos militares interrogados ya para entonces.

Este tipo de filtraciones buscan demeritar los trabajos desarrollados en la investigación del caso Ayotzinapa, la credibilidad de las instituciones que participan en esta y ponen en riesgo la verdad de lo acontecido la noche del 26 de septiembre de 2014 en la ciudad de Iguala, Guerrero, así como la integridad de las personas que forman parte de estas investigaciones.

Las revelaciones fueron registradas, en efecto, en interrogatorios ministeriales. Aluden al secuestro y "posterior asesinato" de los 43 normalistas, pero agregan como víctimas de esa misma jornada a unas 30 personas más. Un grupo de normalistas habría sido interrogado por elementos militares del 27 Batallón de Infantería "y luego entregado" a la delincuencia organizada para su desaparición y muerte. Además se ordenó la disolución de los cuerpos en ácido, en el fuego directo e incluso en crematorios, entre otros métodos.

Según el diario *Reforma*, que obtuvo la declaración ministerial de "Juan", presunto integrante de Guerreros Unidos, el grupo delincuencial dominante en Iguala en la época, estas confesiones habrían llevado a la Fiscalía General de la República a emitir 17 órdenes de arresto en contra de militares. Ya estaba preso en instalaciones castrenses el capitán José Martínez Crespo, quien participó con un grupo de soldados en el secuestro de los normalistas y amenazó con sacar del hospital privado Cristina a otro grupo de estudiantes, a los que de todas maneras amedrentó durante un buen rato, mientras revisaba el contenido de sus aparatos móviles.

"Entre militares y narcos desaparecieron a los 43 normalistas de Ayotzinapa: FGR", fue el encabezado principal del diario *Reforma* el 19 de enero de 2021.

No solamente se ejecutó a 43 estudiantes [se refiere a los oficialmente considerados desaparecidos] y a las personas que murieron en [el Camino a] Santa Teresa, sino que hubo más personas muertas [unas tres decenas más] en los eventos del 26 y 27 de septiembre de 2014, [las cuales eran] pertenecientes al grupo de Onésimo Marquina Chapa y de Isaac Navarrete Celis, rivales de Guerreros Unidos. Del resto de presuntos ejecutados no hubo una sola información corroborable.

Auxiliados por militares y policías, los delincuentes buscaban esa misma noche a la gente de Onésimo Marquina e Isaac Navarrete, "que se habían metido a Iguala". E incluso esos "contras" se habrían mezclado entre los normalistas, según la versión de "Juan" recabada en febrero de 2020. Muy similar narrativa se comunicaron entre sí los jefes de los sicarios, e incluso lo informaron mediante mensajes a sus cómplices en Chicago, Estados Unidos, pero refiriéndose al grupo enemigo llamado Los Rojos, diciendo falsamente que iban armados a bordo de los autobuses mezclados con los estudiantes en aquella noche aciaga.

Como un desmentido a la "verdad histórica" de que los 43 normalistas fueron incinerados en el basurero de Cocula, a la intemperie y en una noche lluviosa, "Juan" aseguró que muchos de los cuerpos fueron llevados a la funeraria El Ángel, normalmente utilizada como Servicio Médico Forense por las autoridades de Iguala, y se utilizó su horno crematorio para reducir a cenizas a varias víctimas. El cártel de Guerreros Unidos tenía control absoluto de ese crematorio; solía llevar y desaparecer allí a sus enemigos, con el conocimiento y la anuencia de las autoridades locales.

"Se los llevaron en bolsas como las que transportan valores, muy gruesas, de plástico transparente. Se trasladaron en camionetas. Se hicieron varios viajes, e inclusive para que hubiera más capacidad en las bolsas y en el crematorio se ordenó destazar los cuerpos", detalla de manera macabra el testimonio filtrado.

Por lo menos dos días duró toda la operación de traslado de cuerpos a la funeraria, su incineración en el crematorio y la entrega de las cenizas, que luego fueron dispersas. Un líder criminal apodado el Minicooper era quien decidía sobre las actividades del crematorio.

Según la confesión de "Juan", policías aliados con los traficantes locales "sembraron evidencias" en el basurero de Cocula para inducir a las autoridades a ofrecer "resultados rápidos" pero igualmente falsos respecto del destino de los normalistas y decenas más de rivales liquidados esa misma noche.

Hasta entonces la autoridad federal no había descubierto, que se sepa, o por lo menos jamás había difundido, que hubiese tantos asesinatos adicionales en aquella de por sí sangrienta jornada nocturna del 26 al 27 de septiembre de 2014, lo que convertía en inverosímil esa parte del testimonio del declarante "Juan".

A cuentagotas, en 2021 seguían ordenándose y cumpliéndose arrestos de presuntos cómplices en la desaparición de los normalistas. De entrada, mientras la averiguación estuvo bajo la responsabilidad del Gobierno de Guerrero, se quiso constreñir la pesquisa a la participación de las policías municipales, pero con el tiempo se fue extendiendo la averiguación hacia las corporaciones estatales y federales y también a elementos del Ejército.

Tal fue el caso de quien fuera coordinador de la Policía Federal en Iguala, Luis Antonio Dorantes Macías. Como él mismo, otros mandos y elementos de las policías y del Ejército habían negado tener conocimiento de los hechos, pero las investigaciones, testimonios de testigos presenciales y la ubicación satelital de sus aparatos de comunicación los desmintieron.

La mayor parte de los federales adscritos a Iguala fue reubicada en otros estados después de los acontecimientos. Algunos simplemente renunciaron a la Policía Federal. Se comprobó que Dorantes Macías, el también oficial Víctor Manuel Colmenares Campos y el suboficial Emmanuel de la Cruz Pérez Arízpe estuvieron en el llamado Puente del Chipote cuando fue detenido un autobús en el que viajaban normalistas y al menos 20 de ellos fueron llevados con rumbo desconocido y forman parte de los 43 normalistas desaparecidos aquella noche de septiembre de 2014.

Los federales no solo permitieron que policías municipales de Iguala, Cocula y Huitzuco se llevaran a los jóvenes a bordo de varias patrullas, sino que se abstuvieron de reportar ese hecho en sus informes oficiales.

En cuanto a los familiares de los 43 normalistas, ellos son coadyuvantes en la Fiscalía Especial que busca llegar a la verdad y cuentan con oficinas y computadoras en el primer piso de la Secretaría de Gobernación en el nuevo gobierno. Hoy son parte de la solución de este crimen colectivo y participan en las decisiones de la propia investigación que se ha complicado, porque decenas de los 130 detenidos originalmente ya fueron liberados por los jueces, luego de que se comprobó que fueron obligados a confesar su participación en los hechos a base de torturas. Algunos capos del grupo criminal de Guerreros Unidos también salieron de prisión gracias a que consiguieron amparos en diversos juzgados.

Se decretó en junio de 2023 auto de formal prisión contra ocho de 16 militares a los que acusó la Fiscalía del Caso

Ayotzinapa por la desaparición de los 43 normalistas. Habría que sumar a los mandos encarcelados desde 2022 en la prisión del Campo Militar Número Uno: general José Rodríguez Pérez, capitán José Martínez Crespo, subteniente Fabián Alejandro Pirita Ochoa y sargento Eduardo Mota Esquivel.

Estas acciones judiciales contra miembros del Ejército prueban que no hubo autoridad que no se hubiera coludido con los Guerreros Unidos para la desaparición y posterior asesinato de los normalistas. Algunos cuerpos fueron disueltos en ácido y otros enterrados, vueltos a desenterrar e inhumar en otros sitios para obstaculizar toda posible investigación de las autoridades de la Fiscalía y de la Comisión de la Verdad.

La FGR exonera a Cienfuegos

Para nada fue sorpresiva la decisión de la Fiscalía General de la República cuando dictaminó el "no ejercicio de la acción penal" en contra del general Salvador Cienfuegos Zepeda el 14 de enero de 2021, menos de dos meses después de que fue regresado por el Gobierno de Estados Unidos a México el 18 de noviembre de 2020. Muchos ya habían predicho esta exoneración desde que regresó el exsecretario de la Defensa Nacional a territorio mexicano, ya que fue puesto en libertad y pudo irse a su casa en cuanto llegó al Aeropuerto Internacional de Toluca, porque en su país no se le seguía investigación alguna y menos había cargos en su contra.

La conclusión de la FGR no solamente fue drástica y definitiva al exonerar al militar, sino que llegó con el aval y el refuerzo político del propio presidente de la República, Andrés Manuel López Obrador, quien a la mañana siguiente aprovecharía para acusar a la Administración para el Control de Drogas de Estados Unidos de inventar delitos y fabricar culpables.

Para evitar toda sospecha de impunidad pactada entre el Gobierno mexicano y la cúpula militar, el mandatario ordenó al titular de la Secretaría de Relaciones Exteriores, Marcelo Ebrard, que se hiciera público cuanto antes el expediente íntegro de las acusaciones enviado por Estados Unidos a México, para que cualquier ciudadano u organización interesados lo pudieran consultar y constatar directamente por qué la FGR llegó a concluir que no existían los elementos probatorios y concluyentes de algún ilícito cometido por el exsecretario de la Defensa Nacional.

Si las autoridades del país vecino, en donde se originaron las acusaciones, se llegaren a molestar por la difusión del documento elaborado contra Cienfuegos (como de hecho ocurrió en las horas subsecuentes), eso sería lo de menos. Por eso el presidente ofreció disculpas por adelantado al Gobierno de Estados Unidos cuando dispuso hacer público el expediente elaborado por la DEA, pero señaló que solamente se buscaba con esta puesta a disposición del texto para todo el público "despejar dudas y malos entendidos". Por la noche del 15 de enero de 2021 cientos de páginas elaboradas por la DEA y los fiscales estadounidenses ya circulaban por las redes.

De esa manera se va a demostrar, dijo el presidente, que el Gobierno mexicano no ha encubierto a nadie "ni tampoco es pelele de un Gobierno extranjero". Quedará claro que las supuestas pruebas que se presentaron en Estados Unidos contra el general Cienfuegos "no son sólidas" y dar a conocer íntegro este expediente cuenta con el respaldo y toda "la autoridad política y moral" del Gobierno para hacerlo.

López Obrador externó sospechas sobre el momento en que ocurrió la detención del general mexicano, ya cerca de las elecciones de noviembre en el país vecino (posible utilización política que sugirió sin mencionarla en forma abierta), y se preguntó en público por qué no se había concretado el arresto en ocasiones anteriores cuando Cienfuegos también había viajado a territorio estadounidense y teóricamente ya existía la orden de aprehensión en su contra.

No habrá restricciones para consultar el expediente, adelantó el canciller Marcelo Ebrard. "En otro gobierno esto sería impensable", explicó, pues se argumentaría para no difundir el texto que procesalmente no se puede llevar a cabo esa publicación para consulta pública, por ser información reservada de una averiguación judicial.

"Nunca antes se había hecho" una apertura pública de un expediente de esa naturaleza. "¿Por qué? Pues porque todo era a escondidas", concluyó el canciller. Esta es la decisión de un Gobierno íntegro. Con los elementos recabados en la acusación que nos remitió la DEA, ni siquiera había lugar para haber ordenado la detención del general Cienfuegos, insistió Ebrard.

Las razones para que la Fiscalía optara por el "no ejercicio de la acción penal" en contra del general Salvador Cienfuegos tienen que ver con que no hay evidencia alguna de que su patrimonio y sus cuentas bancarias hayan sufrido alguna variación fuera de lo normal; con que Estados Unidos no aportó pruebas fehacientes de alguna entrevista física ni comunicación electrónica o telefónica de parte del exsecretario de la Defensa Nacional con algún líder o grupo de tráfico de drogas. La FGR hizo hincapié en que desde

2013, cuando supuestamente la DEA comenzó a investigar al militar mexicano, jamás lo comunicó ni al gobierno de Enrique Peña Nieto entonces ni lo hizo después al actual de Andrés Manuel López Obrador, aunque se dice que la orden de aprehensión estaba vigente contra el general desde hacía varios meses:

> Desde el año 2013, durante la administración pasada en México, la DEA inició sin el conocimiento y sin la colaboración de dicha administración mexicana, una investigación de delitos contra la salud, en donde se involucraba al entonces secretario de la Defensa Nacional, general de División Salvador Cienfuegos Zepeda.

La investigación del organismo estadounidense que se encarga de combatir a las drogas (la DEA) continuó en el tiempo de la actual administración, "sin haber tampoco informado a las autoridades mexicanas sobre el caso". Y en esas circunstancias de falta absoluta de información se dio el arresto del general Salvador Cienfuegos en el aeropuerto de Los Ángeles, California, el 15 de octubre de 2020, para sujetarlo a proceso por delitos de narcotráfico y lavado de dinero.

El boletín de prensa 13/2021 de la FGR alude a que el Departamento de Justicia de los Estados Unidos solicitó cinco semanas después a la jueza que conocía del caso en Nueva York, Carol Bagley Amon, "que desestimara los cargos en contra" del alto militar. Sin embargo, no menciona que ello se debió a una intensa labor de cabildeo de la cancillería mexicana. Y precisamente William Barr, el titular del Departamento de Justicia, era el interlocutor que entendía las razones de la molestia del Gobierno vecino por no haber sido puesto al tanto de que se desarrollaban indagatorias contra un personaje tan relevante y que ese ocultamiento era una ofensa y una violación a los acuerdos de colaboración entre los dos países y a otros tratados internacionales que también obligan a Estados Unidos.

La jueza federal "estimó procedente tal petición", según la FGR. Lo que no especificaba su comunicado es que Carol Amon concluyó que si lo pedía el Departamento de Justicia a nombre del gobierno de Trump, ella no tenía por qué especular que eso podría ser incorrecto y que condujera a la impunidad de un caso que sería inmediatamente trasladado al país vecino junto con el acusado.

Por lo que toca a México, las autoridades respetaron la presunción de inocencia del general Cienfuegos y solicitaron y recibieron el pliego de acusaciones en su contra. Fue hasta el sábado 9 de enero de 2021 que se le dieron a conocer al general las imputaciones que le hacían las autoridades de los Estados Unidos y que él no conocía con detalle. En pocos días la defensa de Cienfuegos aportó pruebas y desmentidos para negar rotundamente las acusaciones específicas. La Fiscalía recabó evidencias sobre todo el caso y llegó a la conclusión de que "el general Salvador Cienfuegos Zepeda nunca tuvo encuentro alguno con los integrantes de la organización delictiva investigada por las autoridades norteamericanas y tampoco sostuvo comunicación alguna con ellos ni realizó actos tendientes a proteger o ayudar a dichos individuos", como sugería la DEA.

Tampoco halló prueba alguna de que Cienfuegos "hubiera utilizado ningún equipo o medio electrónico, ni que hubiera emitido orden alguna para favorecer al grupo delictivo señalado" (el del H-2, una derivación del cártel de los Beltrán Leyva con presencia casi exclusiva en Nayarit y en los puertos de Manzanillo, Colima y Mazatlán, Sinaloa).

Por otra parte, el Gobierno mexicano hizo un análisis de la situación patrimonial y el cumplimiento de obligaciones fiscales del general acusado por los Estados Unidos y "no apareció dato alguno o síntoma de obtención de ingresos ilegales o acrecentamiento de su patrimonio fuera de lo normal y de acuerdo con sus percepciones en el servicio público". Todo esto se habría desahogado y concluido en solamente cinco días, incluyendo sábado y domingo.

La exoneración del general Cienfuegos siguió siendo tema central en la agenda presidencial durante las conferencias mañaneras durante muchos días. En una de sus comparecencias ante la prensa, Andrés Manuel López Obrador recomendó a la DEA hacer una investigación interna para dilucidar el por qué sus agentes "fabricaron" el expediente contra el general Salvador Cienfuegos.

"Creo que ese organismo, esa agencia, debería hacer una investigación en su interior y aclarar quién fabricó este expediente, quién dio la orden de aplicarlo, porque está de por medio su propia credibilidad".

Hubo en el pasado quienes consideraban que la DEA era infalible e incluso auxiliaba en investigaciones a periodistas mexicanos con información filtrada. Por eso mismo, cuando en México la Fiscalía General de la República decidió no ejercer acciones penales contra el general Cienfuegos surgieron dudas, críticas y cuestionamientos. Dijo:

"Hasta simpatizantes de nosotros, que nos tienen confianza, dudaron, porque durante años se afianzó el criterio de que los de afuera eran la encarnación de la justicia y los de adentro la encarnación de la corrupción, de la impunidad".

Por supuesto las autoridades estadounidenses no esperaban que se dejara libre al militar y tampoco fue parte del acuerdo de repatriación condicionarla solo si iba a prisión. Tampoco se convino ni se calculó que el Gobierno mexicano hiciera público el expediente elaborado en Estados Unidos. "Creo que fue la decisión correcta", porque así se ha demostrado que fabricaron las acusaciones. "Eso les molesta mucho, pero es la realidad. Hay que preguntarles a ellos, porque fue como un timo de los miembros de esa organización delictiva (la del H-2) del más bajo nivel a los de arriba".

Se refería el presidente mexicano a la suplantación de personalidad y a la mentira largamente sostenida de que cantidades millonarias de dinero que aportaba el líder criminal Juan Francisco Patrón Sánchez eran en teoría entregadas al jefe militar, según los reportes vía electrónica que le daba otro jefe mafioso apodado el H9.

El expediente armado por la DEA contra Cienfuegos está lleno de inconsistencias, no tiene sustento y aun así lo aprovecharon los estadounidenses "para convertirse en jueces" de los gobiernos pasados de México. Aquí los expertos más reconocidos analizaron el expediente junto con la Fiscalía que los convocó para examinar el caso y llegaron a la conclusión de que era un gran invento.

¿Cómo se va a sustentar, a creer, a mantener un expediente que fue fabricado y que afecta primero a un mexicano, afecta a una institución, daña el prestigio del Gobierno de México y de nuestro país? "Eso no se le permite ni se le permitirá a nadie. Eso era antes, cuando [las agencias de inteligencia extranjeras] hacían lo que les daba la gana y se violaba la soberanía. Ahora no".

El tono escueto de la comunicación oficial de la Fiscalía cuando exoneró a Cienfuegos y el estilo presidencial de descreer de las versiones interesadas de la DEA en el caso, fueron dejados a un lado por el propio fiscal Alejandro Gertz Manero cuando ofreció múltiples entrevistas a los medios de comunicación respecto de la decisión de no ejercer acción penal contra el exsecretario de la Defensa Nacional del gobierno de Enrique Peña Nieto.

Gertz Manero se mostraba sumamente molesto por las críticas recibidas, cayó en exabruptos y llegó a impacientarse mientras esgrimía las razones por las cuales la Fiscalía había decidido no ejercer acción penal alguna en contra del exsecretario de la Defensa Nacional durante el sexenio priista de Enrique Peña Nieto. No existen en el expediente bases sólidas ni legales que puedan exhibirse dentro de un enjuiciamiento criminal, argumentó.

Dentro de la polémica y dudas de si Cienfuegos habría sido exonerado en los Estados Unidos o si solo se suspendió un proceso judicial, el fiscal mexicano Gertz alegó que si una jueza como Carol Bagley Amon obedecía las órdenes de un fiscal a la Corte de Nueva York,

entonces el valor de las conductas jurídicas de esa jueza está totalmente en entredicho, así de fácil, por las razones que se quieran. No estoy diciendo más de lo que es jurídicamente válido. Ni el fiscal ni la juez, desde ese punto legal, tenían por qué haber desestimado sus propias investigaciones. Eso y las consideraciones políticas son dos cosas distintas.

A partir de la decisión de la FGR del no ejercicio de la acción penal contra el general Salvador Cienfuegos, esa determinación es apenas una acción inicial en el proceso penal y es total y absolutamente combatible, alegó Gertz Manero y retó:

> Pueden combatirla todas las organizaciones o instancias oficiales que quieran y que tengan pruebas fehacientes, porque no se trata nada más de ir a los medios a escandalizar. Hay que ir ante el Ministerio Público, hay que debatir y oponerse en una forma legal... Además, como este es un asunto de alcance internacional, lo voy a llevar a ese ámbito, porque yo no puedo estar de acuerdo en que a una Fiscalía que es autónoma la estén metiendo en un asunto que no le corresponde por temas distintos al suyo [de carácter político]. En la discusión social, jurídica y procesal el tema central es que cualquiera tiene derecho a la presunción de inocencia.

No se puede estar a merced de una descalificación permanente, insistió, y por ello anunció que pediría que lo asesoren a algunos mexicanos que han participado en tribunales internacionales, como el doctor Sergio García Ramírez en la Corte Interamericana de Derechos Humanos o Bernardo Sepúlveda, quien fue parte de la Corte Penal Internacional de La Haya para debatir en esas instancias.

Mostró extrañeza de que se criticara a la Fiscalía General por haber otorgado una exoneración *fast track* del general Cienfuegos, pues justamente en sentido contrario había organizaciones y periodistas que llevaban una cuenta diaria de lo que se estaba ya tardando la autoridad en concluir la investigación del caso. "Lo único que analizamos fueron las pruebas de las que ellos se habían desistido en los Estados Unidos. Lo digo y lo repetiré cuantas veces sea necesario".

"El chiste era darme en la madre, en serio", se preguntó Alejandro Gertz Manero. Porque si es así, "no hombre, no me voy a dejar; no voy a permitir que a la Fiscalía la atropellen".

"¿Y quiénes estarían interesados en darle en la madre?", le preguntó la periodista Carmen Aristegui al fiscal.

"Pues todos de los que hemos estado hablando. ¿O qué quieres, que te haga un listado de cada uno de ellos para que me agarre un pleito con todos y cada uno?".

Y le respondió con el mismo calificativo que Aristegui había empleado para preguntar si así actuaban los integrantes de la DEA: "Yo no llegaría a decir que son pendejos los de la DEA, todavía, pero llevaron en secreto un asunto que deberían haber seguido en colaboración con México de acuerdo con los convenios establecidos".

En palabras de Gertz Manero, las autoridades estadounidenses "se rajaron" de llevar a juicio al exsecretario de la Defensa Nacional, general Salvador Cienfuegos, porque carecían de pruebas para vincularlo con el crimen organizado. Parecía que era solamente un linchamiento de la DEA. "¿Cómo si tú tienes un asunto y una investigación sólida, con pruebas irrefutables, las presentas ante un juez y luego te rajas?", le preguntaba el fiscal a Ciro Gómez Leyva a mediados de enero.

Habrá que acudir a un juicio internacional para determinar por qué Estados Unidos decidió perdonar al general Cienfuegos, cuando esa exculpación podrían haberla hecho siete años antes, cuando la DEA recién integraba su expediente.

Si se trató de un linchamiento, eso saldrá en el juicio internacional. ¿Por qué perdonaron al general Cienfuegos cuando ya lo tenían presentado ante la juez? ¿O qué? ¿No encontraron elementos y dijeron vamos a echarle la bolita a estos y luego les aventamos a todos nuestros incondicionales? ¿Para que nos fastidien y nosotros nos llevemos la friega? No sé de qué se quejan si los propios acusadores le retiraron los cargos y lo declararon inocente en Estados Unidos.

Resulta que unos días después [de su detención] se arrepienten y le retiran los cargos que decían que estaban probados; lo declaran inocente, lo ponen en libertad absoluta y nos lo mandan a México. ¿Qué sentido lógico y jurídico puede tener toda una investigación que se tardó ocho años y de un día para otro los acusadores, que no llegaron ante un gran jurado, de repente dicen: "Fíjate que no, no tenemos nada en contra de él; vamos a retirar los cargos, lo vamos a declarar inocente"?

Apoyándose en la versión de la DEA, Gertz relató que en 2013 fue cuando esa agencia inició una investigación al descubrir a narcomenudistas en territorio estadounidense e interceptó los teléfonos de sus jefes, el H2 y el H9, cuyos nombres fueron identificados como Juan Francisco Patrón Sánchez y su sobrino Daniel Isaac Silva Gárate. "Empezaron a hablar entre ellos respecto de que tenían contactos con el secretario de la Defensa Nacional", según la intercepción de llamadas. Pero describían a una persona absolutamente distinta del general Cienfuegos.

Para colmo, esos jefes que supuestamente pactaban entregas de dinero al entonces secretario de la Defensa ya están muertos, por lo que no hay manera de volver a interrogarlos y corroborar aquellas conversaciones.

La Fiscalía mexicana buscará que alguna vez el Gobierno de Estados Unidos explique cómo fue posible que sus servicios de inteligencia hubiesen llevado una investigación de siete años tan endeble, que así la presentaran de manera formal en una Corte y "luego simplemente se echaran para atrás".

La Fiscalía estadounidense, el Departamento de Justicia y la jueza Carol Amon dejaron inexistentes las viejas acusaciones acumuladas que habían enderezado contra el general Cienfuegos. No se trató de una suspensión temporal. Se decidió liberar y regresar al exsecretario de la Defensa a su país en las siguientes horas, pero sin condicionar esa entrega a que fuera investigado, juzgado y condenado por aquellos delitos que jurídicamente ya todos habían desestimado en Nueva York.

Que alguien dé explicaciones

Había un "mundo al revés" en materia de justicia y de seguridad en los tiempos de los narcogobiernos, volvió a criticar, aunque sin mencionar el término, el presidente Andrés Manuel López Obrador en los primeros días del año 2022.

El policía más cercano al expresidente Felipe Calderón Hinojosa continuaba en prisión en los Estados Unidos acusado de proteger al más poderoso grupo de la delincuencia organizada. "Nos debe Calderón una explicación, más allá de lo legal", a los mexicanos. Porque en esos tiempos el Gobierno daba protección a los delincuentes y Calderón debe detallar su relación con Genaro García Luna:

No es nada más decir "no sabía", sino a ver ¿qué sucedió?, ¿cómo conociste a este señor?, ¿por qué lo nombraste?, ¿no te diste cuenta de cómo actuaba, de su prepotencia? Calderón no puede alegar ignorancia, pues sobran testimonios de que se le informó a tiempo, como fue el caso del general Tomás Ángeles Dauahare, ex subsecretario de la Defensa Nacional.

(También el excomisionado de la Policía Federal Javier Herrera Valles, uno y otro encarcelados con acusaciones falsas en la época, precisamente por haber denunciado las corruptelas y crímenes de García Luna, pero hoy libres sin culpa alguna).

Calderón adoptó, desde diciembre de 2019, una postura lejana, aduciendo que desconocía por completo los hechos que se imputan en los Estados Unidos a su hombre de mayor confianza. Tras el arresto de García Luna tomó esa distancia poco convincente: "Espero que se realice un juicio justo y, de confirmarse las imputaciones, se aplique la ley. Sería, además [de resultar culpable], una grave falta a la confianza depositada en él", escribió entonces a la defensiva.

Escuchó rumores, explicó, pero nunca se le exhibieron pruebas. Sin embargo, al autor de este libro le consta que Herrera Valles le hizo llegar escritos con más de 100 páginas de documentos probatorios desde el año 2008. Fueron abundantes las entrevistas de radio, televisión y prensa escrita que ofreció el comisario dando detalles de esa corrupción. Lo que obtuvo el jefe policial fue una persecución del propio acusado y una cárcel injusta de cuatro años en el penal de Nayarit.

Sin Embargo publicó en octubre de 2021 cómo tres piezas importantes en la lucha contra el crimen organizado emprendida por el gobierno de Felipe Calderón han terminado por enfrentarse a la justicia tanto en México como en los Estados Unidos. Se refería a Genaro García Luna, a Luis Cárdenas Palomino y a Iván Reyes Arzate, los tres encarcelados por diversas acusaciones. Así como Calderón se deslindó, en el caso de las imputaciones contra García

Luna, "ha guardado silencio en lo que respecta a los otros dos jefes policiales, una postura que contrasta con el activismo político con el cual se ha conducido" durante la administración de Andrés Manuel López Obrador.

Recluido en el penal de alta seguridad del Altiplano, Cárdenas Palomino fue arrestado bajo acusaciones de tortura a un hermano y a un sobrino de Israel Vallarta, quien cumplió 17 años preso y sin sentencia bajo falsas acusaciones de secuestro, cuando fue capturado junto con la francesa Florence Cassez mediante un montaje mediático en el rancho Las Chinitas, al sur de la Ciudad de México. Ella fue liberada en enero de 2013 por decisión de la Suprema Corte de Justicia de la Nación, tras más de siete años de cárcel, y retornó a su país, desde donde ha demandado, sin éxito, al Gobierno de México y a la empresa Televisa hasta por 30 millones de dólares.

Pero en Estados Unidos, Cárdenas Palomino enfrenta la misma acusación que se enderezó contra Genaro García Luna de proteger al cártel de Sinaloa y traficar cocaína y otras sustancias ilícitas a través de la frontera norte de México. Con ellos, un tercer acusado es el excomandante Ramón García Pequeño, todavía prófugo en 2023.

Por lo que toca a Iván Reyes Arzate, otro comandante cercano a García Luna y que era el encargado en jefe de las relaciones entre las agencias de inteligencia mexicanas y estadounidenses, se confesó culpable, a mediados de 2021, de conspiración para traficar cocaína hacia el país vecino, en el juicio que se llevó a cabo en un tribunal federal de Brooklyn. Reyes Arzate recibió millonarios sobornos en dólares por parte de una fracción de la organización Sinaloa.

Mediante esas entregas corruptas de dinero, Reyes Arzate informaba a los criminales de El Seguimiento 39 sobre todos los movimientos de tropas e investigaciones que pudieran afectar al tráfico ilícito transfronterizo. El fiscal del Distrito Este de Nueva York, Breon Peace, dijo en la audiencia de aceptación de culpabilidad que el excomandante Arzate "traicionó así al pueblo de México al cual había jurado proteger", en asociación criminal con su jefe García Luna.

Tanto el extitular de la Secretaría de Seguridad Pública como su brazo derecho Cárdenas Palomino fueron objeto de homenajes y galardonados en México y en el extranjero como excelentes policías. La medalla al valor fue otorgada a Cárdenas Palomino el 19 de agosto de 2019 y la medalla al mérito policial el 2 de junio de 2011; García Luna fue condecorado incluso en Colombia. Todo ello en tiempos de Felipe Calderón, quien todavía hoy insiste en que desconocía algún delito o corrupción asociada con los autonombrados "superpolicías" de su sexenio.

La existencia misma del narcogobierno mexicano y su operación en la práctica terminaría por detallarse, paso a paso, con todos sus contornos y sus consecuencias criminales, en una Corte de los Estados Unidos.

Y es que en México jamás se judicializaron las múltiples evidencias de la puesta de toda una administración gubernamental al servicio de las principales organizaciones delincuenciales, las que no fueron combatidas, sino protegidas y fortalecidas, y por eso siguen generando hasta nuestros días una enorme inseguridad y secuelas de necropolítica que gravitan sobre una sociedad doliente.

Caso Wallace, un engendro

Alguien que aprovechó las facilidades con las que los gobiernos panistas fabricaron falsos culpables, montaron espectáculos mediáticos y metieron en prisión a centenares de inocentes, todo en aras de un fingido combate a la delincuencia organizada y también como distractores para el funcionamiento impune del narcogobierno, fue Isabel Miranda de Wallace o María Isabel Miranda o Isabel Torres (con los tres nombres y en distintas fechas aparece ella en actas del registro civil).

Este engendro del sistema, que se convirtió en aspirante de Acción Nacional al Gobierno de la Ciudad de México para 2012, había denunciado ante las procuradurías capitalina y General de la República el presunto secuestro, asesinato y mutilación del cuerpo de su hijo Hugo Alberto Wallace Miranda, entre la noche del 11 y madrugada del 12 de julio de 2005, crimen que habría sido perpetrado en el departamento 4 de la calle Perugino 6 en la colonia Insurgentes Mixcoac.

Durante más de 18 años no ha probado que estos hechos ocurrieran, pues no existe alguna prueba biológica del paso de Hugo Alberto, entonces de 35 años de edad, por dicho departamento, excepto un cabello en la coladera y una minúscula gota de sangre en el sardinel o pequeña barda del baño del lugar. Según análisis periciales, uno y otra tenían el ADN Wallace-Miranda.

Pero en ambos casos el ADN era femenino. Y, por añadidura, con el tiempo se descubriría que la pareja sentimental de Isabel adolescente, padre biológico irrefutable de Hugo Alberto, era Carlos León Miranda, primo hermano de Isabel, con quien se casó en 1970, y no el señor José Enrique del Socorro Wallace Díaz, con quien se unió tiempo después y este le dio su apellido a Hugo Alberto, quien ya para entonces tenía 6 años.

Por tanto, es absolutamente imposible que un cabello y una gota tuvieran el ADN Wallace Miranda y pertenecieran a quien no era hijo biológico de ambos, por lo que se cree que esos dos elementos biológicos (si los peritos no mienten) habrían sido aportados por Claudia, ella sí hija física de José Enrique del Socorro e Isabel Miranda. Isabel no presentó otra evidencia irrefutable de que su hijo haya sido secuestrado, asesinado, hecho pedazos y desaparecido, aunque montó un espectáculo de búsqueda, vistiendo impermeable y botas de hule, en aguas de Cuemanco, en el sur capitalino.

A más abundamiento, tras el supuesto secuestro de Hugo Alberto (también con tres actas de su nacimiento registrado el 12 de noviembre de 1969 y con los apellidos León Miranda, Miranda Torres y Wallace Miranda), su madre Isabel hizo traer desde Baja California a su primo y expareja Carlos León para llevarlo a las oficinas de la PGR y hacerlo aportar una muestra de sangre. Ella le pidió al verdadero papá de Hugo Alberto que se colocara un brazo en cabestrillo, como si se hubiese lesionado, para decir que no podía firmar y dejar en blanco un documento oficial con el resultado de ADN, que ella llenó falsamente con el nombre de José Enrique del Socorro Wallace Díaz, como si él hubiese sido el donador, en obvia complicidad con la autoridad, que consintió la manipulación de la prueba. Todo esto lo reveló públicamente, casi tres lustros después, el propio León Miranda.

Por lo que atañe al departamento de Perugino, era habitado por Juana Hilda González Lomelí, de profesión bailarina en el grupo Clímax, donde también vivía su pareja, el expolicía de Morelos César Freyre. Siete meses después de la denuncia por el supuesto secuestro de Hugo Alberto, aparecería la gota de sangre y el pelo en el baño; la Policía ubicó, además, una licencia de manejo vencida de Hugo Alberto bajo una alfombra (martes 14 de febrero de 2006), elementos que curiosamente no se reportaron en el primer cateo de la autoridad el 15 de julio de 2005.

El lugar permaneció abierto muchos días, sin que las procuradurías preservaran la cadena de custodia, y luego fue rentado de octubre de 2005 a febrero de 2006 a un inquilino llamado Rodrigo Osvaldo de Alba Martínez.

Se presume que se trató de un prestanombres, pues Osvaldo había recibido días antes un pago de una de las empresas de anuncios espectaculares propiedad de la señora Miranda de Wallace. Además consta en documentos oficiales que Osvaldo fue inscrito en el Seguro Social por parte de la empresa Showcase Publicidad, de la señora Wallace, el lunes 1°. de febrero de 2010 y al año siguiente el Colegio Aztlán (igual propiedad de Isabel) inscribió en el IMSS al propio Osvaldo el miércoles 1°. de junio de 2011. Antes y después de los "hallazgos" en Perugino, es obvio que Osvaldo tenía dependencia económica de la madre del supuesto secuestrado.

Como dueña de cientos de espectaculares en la Ciudad de México, la señora Miranda de Wallace se convirtió en fiscal de su propio caso, alimentando la impostura inicial con acusaciones públicas en espectaculares colocados en calles y avenidas para señalar a quienes ella decidió convertir en culpables del supuesto secuestro, de la no comprobada muerte y desmembramiento de Hugo Alberto. Jamás ha sido hallado su cuerpo, ni entero ni en pedazos, pese a lo cual obtuvo el resultado de una necropsia sin cadáver donde se apuntan con detalles "las causas del deceso".

En los espectaculares ordenó colocar fotografías llamando secuestradores y asesinos a Jacobo Tagle Dobin, Brenda Quevedo Cruz, César Freyre Morales, Juana Hilda González Lomelí, Albert y Tony Castillo. Con el tiempo agregaría en actas ministeriales a Jael Antonio Malagón Uzcanga, con lo cual logró generar en la opinión pública una condena generalizada del grupo, cuyos integrantes están en una fotografía tomada en un viaje al santuario de Chalma en el Estado de México, y ahora todos en prisión: Brenda, Jacobo y Jael sin sentencia y, por tanto, presuntos inocentes mientras no se determine lo contrario, y el resto ya condenados a décadas de prisión sin que los hechos hayan sido confirmados más allá de confesiones sacadas bajo tortura.

Una resolución de Naciones Unidas recomendó al Gobierno mexicano liberar a Brenda Quevedo Cruz debido a que fue víctima de torturas extremas en dos penales (Santiaguito, Estado de México, y en las Islas Marías, en el mar Pacífico), pero jamás confesó haber participado en hechos tan cuestionados. Tampoco hay evidencia de que hubiera conocido siquiera a Hugo Alberto.

Juana Hilda González Lomelí parecía estar a punto de ser liberada por razones similares, en 2022, después de que su caso fue asumido por la defensoría de oficio. Un año después permanecía en prisión. Ella fue ilegalmente sacada de una casa de arraigo y llevada a oficinas de la PGR el 8 de febrero de 2006. Cuando era retornada al arraigo, el vehículo en que viajaba fue embestido por una camioneta repartidora, por lo cual uno de los agentes federales de investigación que la custodiaban pereció y la propia Juana Hilda resultó gravemente lesionada, pero no fue atendida por la autoridad. Se salvó milagrosamente de ser liquidada una vez que "confesó" bajo tortura el crimen mientras era obligada a beber un líquido extraño que le hizo perder noción del tiempo. Su pormenorizado relato, de todos modos, es la base de todas las acusaciones en contra del resto de los encarcelados. Ella desconoció más tarde sus "revelaciones", en las que decía haber llevado a Hugo Alberto al departamento de Perugino, en donde habría sido sometido, asesinado y hecho pedazos por sus cómplices.

Isabel Miranda tramitó un certificado de defunción de su hijo a finales de 2013, casi ocho años y medio después de los supuestos hechos criminales. Lo increíble es que ese documento oficial registra las causas de muerte de Hugo

Alberto, sin que jamás haya aparecido su cuerpo: "opresión torácico abdominal, maniobras de estrangulamiento, shock hipovolémico", se menciona en el documento oficial que copia textualmente lo que concluyó la PGR sin haber tenido jamás un cadáver a la vista. La vieja PGR se basó exclusivamente en una fotografía, que también tiene su historia de fabricación, para "adivinar" las causas de un deceso jamás comprobado.

De manera increíble y con la venia de autoridades a las que Isabel Miranda trata como sus empleados, el documento oficial de defunción hubo de ser elaborado por lo menos en un par de ocasiones, porque quien lo dictó o copió se equivocó de hora las dos veces: una de las actas dice que Hugo Alberto fue privado de la vida a las nueve de la noche del 11 de julio de 2005; la "corregida" ubica el deceso en el primer minuto del 12 de julio. Como si se tratara de un juego de bingo, en el relato bajo tortura de Juana Hilda, el cual es la base de toda la bizarra historia que es aceptada como verdad oficial de la PGR, la supuesta muerte de Hugo Alberto ocurre hacia las tres de la madrugada del 12 de julio. Es decir, la primera acta "mata" al empresario a las 9 p. m., la noche anterior, cuando él y Juana Hilda ni siquiera habían entrado al cine a ver la película *Los Cuatro Fantásticos* —según la versión aceptada por la PGR—, y la segunda lo "liquida" tres horas antes de lo confesado por Juana Hilda, dato también acreditado por esa procuraduría.

Con esas actas espurias en mano —la propia madre mandó corregir la primera porque contradecía la versión que había defendido durante años—, Isabel Miranda exigió a las autoridades prohibir a cualquier persona volver a decir que Hugo Alberto está vivo, como hizo el investigador particular José Luis Moyá cuando declaró formalmente ante el juez que su expareja Laura Domínguez era amiga de la infancia de Hugo Alberto, con quien seguía chateando después de la fecha de su supuesta muerte e incluso lo había visto en una reunión con otras personas, más delgado y con el rostro cambiado. Isabel, desde entonces, defiende en escrito oficial su "derecho humano" a decir que su hijo está muerto, que fue secuestrado y asesinado y que eso es "verdad histórica y jurídica" y que nadie puede insistir en que está vivo. Extraño amor de madre que prefiere al hijo muerto y que a nadie se le ocurra decir que seguía con vida.

Ya antes fue informada la autoridad de que hubo una llamada al celular de Jorge García Sepúlveda, el 1°. de noviembre de 2005, casi tres meses después de la supuesta muerte de Hugo Alberto, en la que se escucha el mensaje de alguien con una voz aguardentosa expresando textualmente: "¿Qué onda? Mira, ando hasta la madre, güey, ya sé que te fallé, pero me vale verga, ¿qué?, Aquí puto, ¿qué onda, güey? Mírame aquí pisteando, güey, me vale verga. ¿Sabes qué?, ¿Sabes quién me jugó...?".

La grabación quedó en manos del Ministerio Público de la Federación adscrito a la SIEDO (Subprocuraduría de Investigaciones Especiales de Delincuencia Organizada). Ese mismo mes de noviembre de 2005 varios testigos fueron citados a declarar en torno a ese audio. Un amigo, Rodolfo Munguía López; un ayudante, Carlos Colorado Martínez; el ama de llaves Isabel Neri y la exnovia de Hugo Alberto

Vanessa Bárcenas Díaz coincidieron en que la voz que se escucha es del desaparecido empresario.

Este mensaje de voz, junto con una tarjeta de crédito a nombre de Hugo Alberto Wallace, con fecha de corte del 26 de julio de 2005, son indicios que la autoridad ignoró en torno a la existencia con vida del presunto asesinado días y meses después de su desaparición. La tarjeta bancaria fue utilizada el 20 de julio de 2005, nueve días después de la supuesta muerte del titular, que registra cargos superiores a los 12 mil pesos para pagar una comida en el restaurante Los Arcos y compras en Liverpool de Perisur en la Ciudad de México. Ni Wallace ni las autoridades pidieron los videos que mostrarían quién usó la tarjeta ni se abrió alguna investigación del asunto.

Mientras la señora Isabel Miranda entregó un supuesto mensaje de extorsión en el que se le exigían más de 900 mil dólares a las dos procuradurías (un mensaje "original" a la PGR y otro también "original" a la procuraduría capitalina, insólito par de extorsiones en la historia de la exigencia de rescates), su esposo José Enrique del Socorro Wallace Díaz afirmaba en público que su hijo (adoptivo) estaba simplemente desaparecido, pero no secuestrado, porque nadie pidió un rescate.

El periodista y escritor Ricardo Raphael entrevistó a Claudia Muñoz Acosta, expareja durante años de Hugo Alberto, con quien tuvo una hija que estaba por cumplir los 20 años, pues nació en 2003 y vive con su madre en los Estados Unidos. Ella le reveló que recibió una llamada de Hugo Alberto en febrero de 2007 a un teléfono de su madre, que vive en Houston. Hugo Alberto en persona se comunicaba con su ex pareja un año y siete meses "después de muerto".

Por si alguien tuviera dudas de la impostura de Isabel Miranda, la grabación de la reveladora entrevista de la expareja de un muerto viviente sigue estando disponible en el sitio de Milenio Televisión. Las autoridades no han buscado, que se sepa, a Claudia Muñoz Acosta, esa mujer que conocía a Hugo desde que ella tenía 14 años, con una hija veinteañera de ambos y cuyo testimonio bastaría para desmontar la mentira histórica en el caso Wallace y para confirmar las acciones criminalmente cómplices de la vieja PGR.

Mano que mece la cuna

Se han mencionado hasta aquí algunas de las muchas inconsistencias del supuesto secuestro, asesinato y desmembramiento de Hugo Alberto Wallace Miranda en julio de 2005 y la impunidad de que gozó la madre para torturar a quienes ella decidió que eran los autores de esos inexistentes delitos. Hubo ganancia política para la pretendida "madre coraje", dirigente de una organización llamada Alto al Secuestro, que se puso al servicio de por lo menos tres gobiernos.

En este lapso de la vida del país hay decenas, si no es que centenares de ciudadanos acusados falsamente de secuestro, capturados por la autoridad, algunos de ellos sentenciados y la mayor parte víctimas de tortuosos y prolongados procesos judiciales en espera de ser condenados por delitos que no cometieron. Numerosos mexicanos se toparon con el activismo *sui generis* de Isabel Miranda Torres, quien adopta sus casos para convertir a esos acusados en enemigos personales a quienes hay que refundir de por vida en una prisión.

Siempre al servicio del Gobierno en los sexenios de Vicente Fox, de Enrique Peña Nieto y sobre todo el de Felipe Calderón Hinojosa, Isabel gozó de todas las facilidades para imponer una especie de tribunal paralelo y mediático con el afán de denostar a quienes califica de criminales y secuestradores, lo mismo cuando aún no existe sentencia en cada caso (y, por tanto, se trata de presuntos inocentes), pero también cuando varios han sido puestos en libertad por falta de pruebas y ella continúa nombrándolos delincuentes (caso de tres integrantes de la familia Vallarta, libres y exculpados de acusaciones inventadas de pertenecer a una banda inexistente de secuestradores, Los Zodiaco, aunque debieron sufrir años de encierro).

He aquí, a continuación, algunos de los casos detectados, distintos a los de su hijo Hugo Alberto, en los que la señora Wallace ha intervenido de manera irregular, con la anuencia de las autoridades, para que supuestos secuestradores no puedan ser liberados aunque hayan demostrado fehacientemente que son víctimas de una fábrica de culpables que, sobre todo en el sexenio de Felipe Calderón, fueron utilizados para mostrar "éxito" en las políticas de combate a la criminalidad y captura de supuestos plagiarios:

1) Caso Florence Cassez e Israel Vallarta Cisneros. Isabel arropó y defendió a los tres supuestos secuestrados en el rancho Las Chinitas, en Topilejo, al sur de la Ciudad de México, quienes habrían sido hallados en la madrugada del 9 de diciembre de 2005, en un falso operativo en vivo en el cual los habría "rescatado" la AFI bajo el mando de Luis Cárdenas Palomino

y por órdenes de Genaro García Luna. Con pijamas recién estrenadas estaban allí Cristina Ríos Valladares y su hijo Christian de 11 años; también Ezequiel Yadir Elizalde Flores, de 18. Pero la verdad es que Israel y Florence, quienes entonces ya no eran novios, habían sido capturados un día antes, el 8 de diciembre, mantenidos ella frente al Monumento a la Revolución, sin dormir, en una camioneta, e Israel torturado en los separos de la PGR, ambos llevados la madrugada del 9 para el show preparado en el rancho Las Chinitas.

Isabel Miranda se encargó de acusar a los ministros de la Suprema Corte de liberar a una secuestradora francesa, de revictimizar a las víctimas "rescatadas" aunque nunca se supo de dónde provenían, pues el día anterior no estaban en el cuarto de trebejos de Las Chinitas, el cual fue habilitado para el montaje como dormitorio doble dividido con tablaroca y pequeños muebles. Había un aparato de televisión encendido, mientras hasta el día anterior el cuartito no contaba con luz eléctrica.

Cristina Ríos Valladares no reconoció a Israel ni a Florence, cuando estaban frente a ella esa mañana del 9 de diciembre, aunque los agentes le decían que eran sus secuestradores.

Empero, casi cuatro años después Cristina "recordó" que había sido violada en numerosas ocasiones por Israel Vallarta, sus familiares capturados en 2009 y sus cómplices. Los tres "rehenes" en Las Chinitas se marcharon a los Estados Unidos, desde donde en algunas ocasiones participaron con testimonios acusatorios contra Israel y Florence en videoconferencias, hasta que con el tiempo dejaron de presentarse a declarar. Todavía hoy no se sabe en dónde estuvieron antes las supuestas "víctimas" y quién pudo haberlas secuestrado realmente.

Cuando Florence estaba en prisión, en una visita oficial a México el presidente francés Nicolás Sarkozy insistió en defender a su compatriota e insistió en llevársela a una cárcel francesa, pero no lo logró. Florence se decía desolada y en el peor de los mundos posibles, porque un presidente, el mexicano, quería mantenerla encerrada 76 años, mientras Sarkozy ofrecía tenerla en una prisión francesa "solamente" 20.

Al final, Florence fue puesta en libertad en México por decisión de la Suprema Corte, siete años y medio después de que fue capturada y enviada a prisión, pues la puesta en escena de su captura para las televisoras un día después de que ya había ocurrido (el 9 y no el 8 de diciembre de 2005) el rescate de tres supuestos rehenes que nadie sabe todavía hoy de dónde surgieron, más todas las violaciones al debido proceso, incluida la falta de notificación de Florence al consulado francés, tuvieron un "efecto corruptor" sobre todo el caso, concluyeron los ministros de la Corte,

Israel seguía tras las rejas y sin condena 17 años después del show televisivo. En el ínterin fueron apresados cinco de sus familiares —dos hermanos, René y Mario, y tres sobrinos de apellidos Cortés

Vallarta: Alejandro, Juan Carlos y Sergio—. Israel, Mario y Sergio continúan presos. René, Alejandro y Juan Carlos obtuvieron su libertad por falta de pruebas. A pesar de la decisión de los jueces, Isabel continúa llamando secuestradores a todos los Vallarta.

2) Caso Alejandro Martí. Por lo menos dos de los múltiples detenidos por supuestamente haber participado en el secuestro y muerte del menor Fernando Martí Haik declararon ante el ministerio que fueron visitados, cada uno en su momento, por el papá empresario Alejandro Martí y por la empresaria Isabel Miranda, quienes exigían que aceptaran su culpabilidad y exigían que, allí mismo, en prisión, les pidieran "perdón por lo que hicieron".

Pablo Solórzano Castro, expolicía del Distrito Federal, fue capturado al salir de su domicilio en el Estado de México en mayo de 2011, tres años después de ocurridos los hechos. Una fotografía suya extraída de Plataforma México y la imputación de un testigo solitario, Noé Robles Hernández, bastaron para que se le condenara a una pena, desproporcionada e insólita, de 452 años de prisión por una supuesta participación secundaria en el citado secuestro. Logró que el Segundo Tribunal Unitario del Segundo Distrito revocara tan absurda condena. Noé, testigo único, ya había declarado hasta en 12 ocasiones ante el Ministerio Público, antes de ofrecer por primera vez el nombre de Pablo. Al describirlo físicamente se equivocó de principio a fin y le adjudicó un apodo inexistente: el Gallo.

Con posterioridad Noé se disculpó ante su falso acusado, hasta en carta de su puño y letra, por haber involucrado a Pablo en hechos que no le constan, obligado bajo torturas, según dijo. Tanto el acusado falsamente como el acusador fueron sometidos a tratos crueles, inhumanos y degradantes, según lo confirman sendos exámenes de acuerdo con el Protocolo de Estambul. Pablo incluso intentó suicidarse a consecuencia de la tortura y las amenazas de dañar a su familia.

Noé fue empujado a dar falsos testimonios en contra de varias decenas de personas de casos diferentes, cuyas fotografías, nombres y apodos le eran mostrados por la autoridad previamente hasta que los memorizara y luego los describiera en videograbaciones, tal como hizo con Pablo.

3) Caso Nino Colman, colombiano acusado de un supuesto secuestro y pedido de rescate millonario a través de correos y mensajes que el agente del Ministerio Público nunca pudo mostrar ni están incorporados al expediente. La madre de Nino, la señora Francia Henao, recibió amenazas de parte de Isabel Miranda y así lo denunció públicamente ante el licenciado Alejandro Encinas, subsecretario de Derechos Humanos en Gobernación, en un acto masivo en el Club de Periodistas.

4) Abogados al servicio de Wallace litigaron en contra del detenido, como lo hicieron también en el caso de Antonio Escalera Rosas, capturado y subido a un automóvil blanco el 14 de octubre de 2002. Se le acusa-

ba de haber privado de la libertad y asesinado a un conocido, Arturo Canales, cuyo cadáver apareció el 22 de septiembre de ese año en el municipio de Zinacantepec, Estado de México. Acusado de haber liquidado a su víctima con arma de fuego, no se especifica qué tipo de pistola o calibre se usó, no hay prueba de rodizonato al supuesto perpetrador ni huellas que le pertenezcan; habiendo cámaras de video cerca de la casa de la víctima, no se aportaron, y un retrato hablado del homicida no coincide en absoluto con la fisonomía del acusado. Lleva 18 años preso y, ante negativas reiteradas para ampararlo en varias instancias, su asunto está en la Suprema Corte.

5) Quien ha criticado fuertemente a Isabel e incluso ha puesto en duda si realmente Hugo Alberto fue secuestrado y asesinado es la periodista Guadalupe Lizárraga, del sitio *Los Ángeles Press*, quien publicó el libro *El falso caso Wallace*. Ha recibido amenazas, allanamiento de morada, hubo un intento de secuestro de su hija Ángela, agentes policiacos trataron de detener a la periodista en una universidad y se le ha criminalizado en redes afirmando que, con dinero proveniente del narco, fundó y sostiene su portal de noticias.

6) A petición de Wallace, la PGR consignó y ordenó encarcelar a la abogada Ámbar Treviño, quien defendía a por lo menos dos de las víctimas a quien Isabel señala como secuestradoras y homicidas de su hijo Hugo Alberto. La litigante, a quien se le imputó la falsificación de documentos oficiales, fue enviada a

la cárcel de Matamoros, en donde su vida peligraba al estar mezclada con delincuentes sumamente agresivos, particularmente del grupo de Los Zetas. Finalmente obtuvo su libertad, pero se vio obligada a renunciar a la defensa de Brenda Quevedo Cruz y de Juana Hilda González Lomelí, debido a que se le persiguió, amenazó de muerte y criminalizó.

7) Entre muchos casos más, Isabel Miranda se involucró en el proceso contra Cinthya Cantú Muñoz, cuya madre fue asesinada después de que se expresó públicamente en contra de la fabricación de culpables.

8) Isabel llegó a ampararse contra la anunciada libertad de Martín del Campo Dodd, quien había recibido el apoyo de la Comisión Interamericana de Derechos Humanos y quien ya cumplía 22 años de prisión injusta acusado falsamente del asesinato de dos de sus familiares, tema que no pudo respaldarse con pruebas fehacientes. Pese a todo, Martín del Campo está libre.

9) La señora Wallace emprendió una campaña para tratar de impedir la presencia en México del Grupo Interdisciplinario de Expertos Independientes (GIEI) como coadyuvante en la investigación del destino de 43 estudiantes de la Escuela Normal Rural Isidro Burgos, de Ayotzinapa, los cuales fueron desaparecidos en la noche del 26 al 27 de septiembre de 2014 y tres más asesinados al igual que otros tres civiles. Isabel y sus abogados alegaron que había conflicto de interés e irregularidades por la presencia de un

mexicano, Emilio Álvarez Icaza, en un puesto ejecutivo de la CIDH, que actuaría como juez y parte. Al final no prosperó la embestida mediática y jurídica y los expertos siguieron colaborando en las investigaciones.

10) Isabel intentó desprestigiar a defensores de derechos humanos acusándolos de liberar de prisión a presuntos criminales, burlando a la justicia, para después cobrar multimillonarias reparaciones del daño como presuntas víctimas de abusos y quedarse con buena parte del dinero así obtenido del Gobierno, en particular de la Comisión Ejecutiva de Atención a Víctimas (CEAV). Dio nombres de esos supuestos "negociadores" que habrían obtenido millonarias indemnizaciones del Gobierno: José Antonio Guevara, Mariclaire Acosta, Emilio Álvarez Icaza, Mario Patrón, el sacerdote Miguel Concha, Javier Sicilia, entre otros, quienes salieron al paso de tales infundios en una rueda de prensa.

11) Durante años Isabel se empeñó en que permaneciera encarcelada Nestora Salgado, acusada de secuestro y extorsión a familiares de menores de edad que eran sometidos a procesos de reeducación por haber infringido las leyes en sus comunidades, según sus usos y costumbres, cuando Nestora era comandanta responsable de la Policía Comunitaria de Olinalá, en Guerrero. Lo que era una medida cautelar en centros de reclusión de mínima seguridad lo interpretó Isabel como secuestro; lo que eran trabajos comunitarios para reeducar a mujeres menores que habían huido

de sus casas para acompañar a jóvenes armados pertenecientes a grupos criminales se calificó de trabajos forzados y esclavitud, mientras que sanciones económicas, multas y ayudas para la alimentación de los pequeños infractores se quiso traducir como exigencias de rescate a parientes de quienes, en opinión de la señora Wallace, estaban secuestrados. Nestora Salgado no fue condenada por tan peregrinas acusaciones y se convirtió en senadora de la República y defensora de víctimas inocentes que sufren prisión.

12) Isabel demandó de manera formal a Iliana García Laguna, cuando ocupó el cargo de subprocuradora de Derechos Humanos de la PGR, siendo titular Jesús Murillo Karam, por supuestamente haber protegido a la madre de una de las acusadas del supuesto secuestro y muerte de Hugo Alberto —a la señora Enriqueta Cruz Gómez, madre de Brenda Quevedo Cruz—, cuando había sido citada a declarar extrañamente en sábado, llevada bajo apremios por agentes federales que la fueron a buscar a su casa. Evitar que la madre no sufriera un encierro de modo irregular le valió la animadversión y encono de la señora Wallace.

13) Arely Cinthya Cantú Muñoz, a sus 32 años, vio cómo irrumpían agentes armados a su casa en Ixtapaluca, Estado de México, aquel 8 de noviembre de 2012. La golpearon y llevaron presa junto con su amiga Karen, que temporalmente vivía con ella. Iba detenido también su hijo Óscar Uriel Martínez Cantú, de 13 años, y otros menores que allí jugaban,

entre ellos dos hijos de Karen. Los agentes que dirigían el convoy se llevaron a un joven que iba caminando por la calle; les quitaron sus celulares a las mujeres y las obligaron a llamar al chofer que solía ir a recogerlas cuando se hacía muy tarde, pues ambas eran meseras. Las mujeres, bajo presión, citaron al conductor, el cual fue detenido también y convertido en secuestrador en ese momento. Había consigna, en tiempos de Eruviel Ávila, para fabricar bandas de plagiarios. Esa noche había cinco hombres y cinco mujeres hincados en el piso y confesos de haber cometido secuestros. Los medios dijeron que esa banda de Los Templarios había plagiado a 25 personas y asesinado a otras 50. Al final, Cinthya fue procesada por un único secuestro, el de un empresario anónimo al que se le hizo narrar con detalles cómo una mujer lo sacó de una casa de seguridad, lo bajó de un auto y le ordenó caminar sin voltear atrás. La Policía mintió al decir que el empresario, "J. C.", había sido rescatado por sus agentes. Cinthya jamás vio a ese hombre.

Isabel Miranda buscó a los medios para expresar su oposición a que Cinthya fuese liberada. La madre de la mesera, la profesora Patricia Celia Muñoz Omaña, quien se dedicó en cuerpo y alma a denunciar la fabricación de culpables, había sido victimada de cinco balazos, por dos individuos que iban en motocicleta en 2013, cuando ella salía de la primaria en la que daba clases. Cinthya es defendida por En Vero, la misma organización canadiense por los derechos humanos que luchó durante años por la libertad de Florence Cassez. Eso no lo pudo soportar la señora Wallace.

Antesala de la cadena perpetua

Conforme se prolongaban los tiempos para enjuiciar al exsecretario de Seguridad Pública mexicano Genaro García Luna en una Corte Federal de los Estados Unidos, en vez de diluirse las acusaciones iniciales de haber recibido sobornos multimillonarios para favorecer desde el Gobierno al cártel de Sinaloa e incluso haber traficado toneladas de cocaína junto con los delincuentes, al funcionario se le acumulaban imputaciones como las de haber sobornado y amenazado a periodistas y, ya estando en la cárcel, planear hasta asesinatos de testigos que podrían contribuir en el futuro a mantenerlo en prisión de por vida, como es el caso de Jesús *el Rey* Zambada, por cierto uno de los líderes traficantes que colaboró para hundir a su viejo socio Joaquín *el Chapo* Guzmán Loera.

García Luna cayó redondo en un garlito que le tendieron autoridades estadounidenses que utilizaron a su compañero de prisión Ruslan Marvis, quien se hizo pasar como personero de la mafia rusa y convenció al exfuncionario mexicano de que lo ayudaría a manipular o matar testigos incómodos.

Marvis, en realidad, está acusado de pornografía infantil y de haber abusado de un menor de edad. Enfrenta una sentencia de al menos 10 años de cárcel. Pero se ganó la confianza de García Luna, quien fraguó esos supuestos ataques a testigos, acuerdos que constan en unas 500 horas de pláticas entre ambos reos que el falso mafioso ruso grabó con un celular que le proporcionó la autoridad y que posteriormente entregó a la fiscalía a cambio de recibir beneficios en su propia sentencia.

El abogado César de Castro, defensor del exsecretario de Seguridad Federal, pidió a la Fiscalía de Nueva York desechar esas presuntas pruebas fabricadas dentro del juicio a su cliente, quien con ese propósito había sido encerrado de mala fe, durante semanas, en la misma celda que Marvis.

Todo ello sucedía mientras el juez Brian Cogan, responsable del juicio a García Luna, que se fue posponiendo hasta 2023, decidía que los miembros del jurado deberían ser escoltados al llegar y salir de la Corte a sus respectivos domicilios, pues los integrantes de ese jurado necesitan protección "dada la peligrosidad del acusado" y su todavía vigente influencia y complicidad con mandos policiales y criminales, en atención además a la gravedad misma de los delitos que se le imputan formalmente.

Esta decisión del juez Brian Cogan implicó que nunca deberán ser revelados los nombres de los miembros del jurado ni el sitio donde habitan ni sus lugares de trabajo. Los alguaciles, a lo largo de los traslados, los mantuvieron aislados del público durante su estancia en tribunales, como lo decidió el magistrado. El acusado tiene el poder y "los recursos financieros para intimidar e inclusive hacer daño al jurado", consideró.

Por su parte, el fiscal de la Corte Federal del Distrito Este de Nueva York, Breon Peace, sostuvo que al Gobierno de Estados Unidos "le preocupa además que el acusado y sus conspiradores puedan emprender una campaña de acoso, intimidación y/o violencia contra los testigos y sus familias".

En agosto de 2022 se reveló que la Fiscalía de Nueva York había acumulado documentos, testimonios y otras evidencias de que García Luna era un aliado del cártel de Sinaloa y fue un personaje clave para la expansión criminal de esa organización en México y en Estados Unidos.

Como eje del narcogobierno, era la cara más visible de acciones legales e ilegales de la ficticia guerra contra el narcotráfico y la delincuencia organizada emprendida durante el gobierno de Felipe Calderón Hinojosa.

Según la fiscalía neoyorquina, García Luna estableció una red de sobornos a periodistas afines y de amenazas a sus detractores, la cual era financiada con recursos que recibía del propio grupo criminal de Sinaloa.

"Los esfuerzos persistentes del acusado para sobornar y amenazar a periodistas mientras trabajaba para el cártel de Sinaloa son relevantes y están relacionados inexorablemente con su apoyo corrupto a las actividades criminales del cártel", sostuvo la fiscalía en un documento dado a conocer en agosto, el cual resalta el papel de García Luna como principal operador en materia de seguridad de Felipe Calderón y su interlocutor privilegiado con las autoridades estadounidenses "como elemento primordial para [defender] los intereses del grupo criminal cuando era liderado por Joaquín *el Chapo* Guzmán e Ismael *el Mayo* Zambada". A grado tal que, si hubiera dejado su puesto privilegiado, se asegura en el expediente judicial, "no hubiera podido seguir utilizando su poder dentro del Gobierno para beneficiar a la organización criminal".

Según las imputaciones, García Luna obtenía decenas de millones de dólares para proporcionar información sobre operativos gubernamentales en contra del grupo Sinaloa y para dejar campo libre en las rutas y no interferir en el tráfico de sustancias ilícitas, asevera el prontuario judicial. Parte de esos recursos eran empleados como "caja chica" para premiar a medios de comunicación afines y para amedrentar a los periodistas que criticaban su gestión. Los fiscales dijeron tener pruebas de que un editor "enterró un reportaje" que describía actos de corrupción durante la administración del exjefe policial "a cambio de un pago".

A finales de junio de 2022, en una conferencia mañanera, el presidente Andrés Manuel López Obrador declaró que en los expedientes contra el exjefe de Seguridad Pública federal hay señalamientos de que el dinero de los sobornos que recibía siendo funcionario "iba a Los Pinos".

La frase colocada en un *spot* para el informe presidencial de 2022 describe diáfanamente el sentir de la Cuarta Transformación respecto de las acusaciones, proceso y destino final contra el otrora considerado superpolicía mexicano: "No más García Lunas en el gobierno".

Por esos días, la llamada Reina del Pacífico, Sandra Ávila Beltrán, acusó a Genaro García Luna y a su jefe el panista Felipe Calderón Hinojosa de tener, ambos, vínculos con el crimen organizado, y dijo que el presidente colaboraba directamente con los cárteles mexicanos de la droga, de los cuales obtuvo mucho dinero que ahora goza con impunidad.

A su manera, la Reina del Pacífico fue víctima de un montaje cuando, dice, se le fabricaron nexos con el narcotráfico y por ello fue a parar a la cárcel. "Fui un chivo expiatorio durante el sexenio de Felipe Calderón. Me fabricó un delito para poder sentirse un buen presidente, un buen mexicano, mientras él colaboraba directamente con cárteles mexicanos, de los que recibió mucho de la fortuna que tiene ahora y que gozan él, su esposa y toda su familia".

Por haber protegido al cártel de Sinaloa es por lo que está preso García Luna en los Estados Unidos, recordó. Si su exsecretario de Seguridad Pública enfrenta un proceso en ese país, ¿por qué no Felipe Calderón, que era su jefe y su socio?

Calderón fue un asesino y también un narcotraficante. "Me destruyó la vida, las ganas de vivir y es el hombre que le causó la muerte de mi madre. Y nadie lo juzga, ¿quién lo castiga?, ¿está impune por ser expresidente?, eso no le quita que fue un asesino y un narcotraficante".

Era agosto de 2022 cuando Sandra Ávila Beltrán, acusada falsamente de ser la dueña de un cargamento de más de nueve toneladas de cocaína que llegaron a costas mexicanas en el buque atunero *Macel*, en Manzanillo, Colima, se consideró una de las primeras víctimas de montaje del sexenio de Calderón.

El PAN, a la orden de Sinaloa

No solo el presidente panista Felipe Calderón Hinojosa, sino también el gobernador panista de Baja California Eugenio Elorduy Walther, consintieron y apoyaron con recursos sin límite a grupos especiales de la Policía, entrenados por miembros de Gafes (Grupo Aeromóvil de Fuerzas Especiales) del Ejército mexicano para eliminar a los principales dirigentes y operadores del cártel de Tijuana de los Arellano Félix, y con ello allanar el camino para el dominio territorial del cártel de Sinaloa en la península, sino que acordaron encomendarle esa tarea a Genaro García Luna, secretario de Seguridad Pública Federal, en 2007.

Un testimonio obtenido en Estados Unidos por el corresponsal de la revista *Proceso* en ese país, J. Jesús Esquivel, confirma los servicios prestados al grupo criminal de Sinaloa por parte del Gobierno en tiempos de Calderón, con dinero del erario y con grupos especiales de policías y soldados operando como mercenarios y comandos de exterminio, para consolidar la hegemonía y la expansión del cártel dirigido entonces por Ismael *el Mayo* Zambada,

Joaquín *el Chapo* Guzmán, Ignacio *Nacho* Coronel y Juan José *el Azul* Esparragoza.

Las declaraciones de uno de los participantes en "dos generaciones de policías" comisionados para capturar, torturar, consignar o eliminar físicamente a la gente de los Arellano Félix revelan que el grupo ejecutor fue, a su vez, eliminado una vez concluida la tarea ilegal y criminal ordenada por sus jefes. La necropolítica en pleno apogeo haciendo víctimas a narcotraficantes y a servidores públicos.

El nombre del testigo fue mantenido en el anonimato, porque todavía sería posible que fuese atacado, junto con su familia, por revelar este *modus operandi* clandestino, con recursos públicos. Y seguramente con aportaciones monetarias del grupo criminal favorecido, pues cuenta el hombre que, por los inicios del sexenio calderonista, era muy joven, se les pagaban unos 25 mil pesos mensuales, cantidad muy superior a los sueldos que por esa época percibían policías estatales o federales. Además se les premiaba en cada captura relevante con cantidades mayor en dólares.

El subprocurador estatal contra la delincuencia organizada era Víctor Felipe de la Garza Herrada, contacto directo con García Luna y jefe de estos comandos ilegales.

"Nos aclaró que él no recibía órdenes del gobernador del estado Eugenio Elorduy Walther, sino directamente de la ssp, del secretario Genaro García Luna".

El testigo terminó yéndose de Baja California en 2009, pues temía ser eliminado como sus compañeros policías que operaban bajo la Unidad Especializada Contra la Delincuencia Organizada (uecdo). Revela, por vez primera en 15 años, que hubo dos generaciones de policías "que integramos esos grupos creados por los gobiernos del PAN [Calderón a nivel federal y Elorduy a nivel estatal], nos dieron entrenamiento especial y casi siempre operamos vestidos de civiles".

El adiestramiento, durante seis meses, fue de élite policial y también a cargo de tres elementos del Gafes pertenecientes a la Secretaría de la Defensa Nacional.

Lo que revela el testigo entrevistado por Esquivel es justamente a un Genaro García Luna como el motor de un narcogobierno que ataca hasta aniquilar a un cártel histórico de la droga, como el de los Arellano Félix, para limpiarle el camino al hegemónico cártel de Sinaloa en los inicios del sexenio de Felipe Calderón.

Aquí no fue necesario, al parecer, *viaticar* a decenas de agentes federales que hacían un trabajo semejante de exterminio de los enemigos de Sinaloa en otros sitios de la República, en donde convenía justamente al cártel consentido y protegido del sexenio para extender su dominio territorial y tomar las rutas más eficaces del trasiego de todo tipo de drogas hacia el mercado interno y hacia el extranjero.

Por la época no hacía aún su aparición el Cártel Jalisco Nueva Generación, que hoy le disputa la hegemonía a Sinaloa. Nadie hizo caso, al parecer, de la advertencia que se publicaba en la página 43 de mi libro *El cártel incómodo. El fin de los Beltrán Leyva y la hegemonía del Chapo Guzmán*. Textualmente escribí entonces en 2010:

Hay indicios y datos duros, análisis y declaraciones públicas de que el gobierno mexicano ataca de manera selectiva a las organizaciones del tráfico de drogas. Desde hace poco más de nueve años la sabiduría popular le endilgó al *Chapo* Guzmán Loera el mote del *Capo del Sexenio*.

Desde 2006 el rango de Guzmán Loera se elevó al de traficante consentido transexenal, el *dizque* más buscado, al que *dizque* ya merito agarran, el *dizque* perseguido todo el tiempo, el que *dizque* anda "a salto de mata". Pero la realidad es otra: el *Chapo* es el intocable del panismo. Y, junto con él, también se han convertido en inalcanzables para el brazo de la justicia sus socios principales: Ismael *el Mayo* Zambada, Juan José *el Azul* Esparragoza, Ignacio *el Nacho* Coronel y el menos expuesto de todos, Adán Salazar Zamorano.

En su introducción, este libro, que tuvo ocho reimpresiones en otros tantos meses de 2010, alude al favoritismo que mostraba Felipe Calderón hacia el cártel de Sinaloa, por lo cual lo llamé el "cártel incómodo" de los sexenios panistas:

> Si algo resulta veneno puro para la salud del país y para la credibilidad del gobierno, es que el presidente de la República tenga que salir a defenderse en público, a él mismo y a su gabinete, de graves acusaciones de favorecer o impulsar a un grupo de traficantes —en este caso el cártel del Pacífico o de Sinaloa—, mientras se empeña en atacar sin miramientos a los que son enemigos de esa privilegiada organización.

El operador, el eje, el motor de esta maquinaria a la que el presidente Andrés Manuel López Obrador llamó "narcogobierno", fue sin lugar a duda el ingeniero Genaro García Luna. Este exfuncionario policial mexicano, de 55 años de edad, fue procesado finalmente en los Estados Unidos, donde un jurado lo halló y declaró culpable de gravísimos delitos al servicio de la más importante organización criminal del país.

La Corte de Nueva York deberá sentenciar a García Luna a finales de 2023. En su propia tierra, por contraste, fue el intocable superpolicía de los sexenios de Acción Nacional y se había dado el lujo de emprender negocios multimillonarios en dólares desde el poder mientras continuaba paseando su impunidad en México.

Necropolítica y narcogobierno de José Reveles
se terminó de imprimir en marzo de 2024
en los talleres de
Impresora Tauro, S.A. de C.V.
Av. Año de Juárez 343, col. Granjas San Antonio,
Ciudad de México